KB213808

불편한 성공

정흥암 ©2014

불편한
성공

정흥암 지음

W미디어

추천사

제가 정홍암 목사님을 알게 된 지가 20여 년을 훌쩍 넘깁니다. 처음 만났을 때부터 지금까지 오전에는 거의 만날 수가 없었습니다. 정 목사님은 오전 시간에는 큐티하면서 경건한 삶을 보내기 때문이었습니다. 서울 한복판에서 교회를 개척한 이후, 지금까지 계속해오는 하나님과 만남의 시간입니다.

아침마다 만났던 하나님과의 사귐을 책으로 출간하게 된 것을 아주 기쁘게 생각합니다. 설교집의 기근인 요즈음, 우리나라 교회에 단비와 같은 기쁜 소식이라 아니할 수가 없습니다. 우리나라 교회 목회자들은 세계의 목회자들 중에서 가장 바쁘게 살아가는 분들일 것입니다. 특히 도시 교회 목사들의 일상은 심방, 행사, 각종 모임 등을 분주하게 찾아다녀야 합니다. 이렇게 분주한 상황에서도 고요히 묵상하며 정리했던 귀한 자료들을 책으로 만든 것입니다. 이 책은 목회자뿐만 아니라 신학생, 평신도에게도 아주 필요한 책이라 생각됩니다.

정홍암 목사님은 총신대 신대원에서 칼빈주의 신학을 공부했습니다. 그러나 칼빈주의에 얽매이지 않고 더 깊고 폭넓은 신학을 공부하며 하나님을 만났습니다. 바른 신학을 머리에 담고, 바른 신앙을 실천해가는 모범적인 목사님이십니다. 정도를 고수하면서도 신학과 신앙을 뛰어넘어 주님 안에서 한없이 자유로운 분입니다. 목회자로서 끊임없이 탐구하며 경건한 삶으로 귀감을 보여주면서, 우리나라 교회를 염려하며 젊은 목회자들에게 선지자처럼 각성을 촉구해왔던 분입니다. 앞으로 '불편한 시리즈'로 계속 출간하게 될 일련의 책들 속에서 한국 교회의 자화상을 발견하고, 새롭게 던지는 메시지들을 통해 교회를 일깨우는 기회가 되기를 간절히 소망해 봅니다.

이 책을 읽는 모든 분들에게 바른 영적 안목이 뜨여지기를 기원합니다. 또한 한국 교회의 영적 각성자들이 되기를 소원하며, 이 책을 추천해 드립니다.

권을식 선교사(일본 고베(神戸)개혁파신학원 특별연구생)

차례

머리말

지금까지 내가 산 것이 아니다.
남에게 맞추고, 틀에 맞추고, 신학과 교회의 틀에 갇혀서 산 것이다.
이제 나 아닌 틀에서 벗어나 내 인생을 살고, 부르심의 길을 가야
한다.
마당으로 나가서 살아보자!

길은 열리는 것이지,
내가 여는 것은 아니다.
인생의 과제는 길이다. 부르심의 길을 가야 한다. 주어진 길을 가
야 한다. 내 길이 있다.
세상에는 막힌 길, 길이 아닌 길, 속된 길, 가지 말아야 할 길이
많다.
참길, 진리의 길, 생명 길, 의미의 길을 가야 한다.
인생은 길에서 승부가 갈린다는 사실이다.

길이 열리는 글,

길이 보이는 글,

길이 만들어지는 글,

길이 떠오르는 글,

길이 생기는 글,

길을 깨닫는 글,

길을 만나는 글,

길에 이르는 글.

2014년, 추수감사절을 보내면서
정홍암 목사

제1장
:
버티기

종교가 너무 흔하게 위기에 직면한 사람에게 도피하는 길
이 되는 것이 허다하다. 그러나 생의 위기에서 도망칠 길
을 제공하는 것이 하나님께서 인간을 다루시는 주목적은
아니다. 오히려 전능하신 하나님은 생의 의미를 제공해주
신다. 역사에 나타난 성자와 영웅들이 보여준 신앙은 '도
피'가 아니고 '의미'였다.

99

눌리지 말라
(단6:19−28)

실패에 눌린다

모든 사람은 실패를 두려워한다. 사실 실패는 인생에서 치명적일 수 있다. 실패 자체가 두렵다기보다는 실패에서 오는 인간관계의 이미지가 사실은 두려운 것이다. '실패자'라는 소리가 무섭다. 결혼에 실패한 사람, 사업에 실패한 사람, 정치에 실패한 사람, 운동에 실패한 사람이 인생 실패자는 아니다. 그런데 사람들은 인생 실패자로 보는 시각이 있어서 두려운 것이다.

다니엘은 실패를 자초하고 있다. 얼마든지 본인이 원하면 사자굴이라는 실패를 면할 수 있음에도 그는 실패를 받아들인다. 그에게는 실패를 당해도 될 만한 가치사상이 있었다. 내 인생 실패보다 더 영화로운 하나님 신앙이 있었다. 그래서 실패에 자유한다. 실패를 받아들인다. 여기서 다니엘의 실패는 돋보인다. 존경스럽다.

보통사람들은 실패에 눌려서 실패하지 않으려고 갖은 꼼수를

다 부리는데, 다니엘은 다르다. 참 자유인이다.

죽음에 눌린다

모든 사람은 죽음이 두렵다. 세상에 단수가 많지 않은데, 죽음은 단수다. 죽음은 끝이다. 여기에는 다시가 없다. 재 기회가 없다. 그래서 사람은 죽음을 피하려는 본능을 가진다. 모든 사람은 죽음에 걸려서 목숨을 구걸하는 거지같다. 더 살려는 구걸인생이다.

그런데 사실 죽음에는 존재감이 있다. 잘 죽으면, 명예롭게 죽으면, 믿음으로 죽으면 존재감이 크다는 사실이다.

다니엘은 무시무시한 죽음을 자유한다. 하나님은 창조자다. 죽음을 살리신다. 하나님은 생명의 부여자다. 그리고 하나님은 생명의 주관자다. '참새 한 마리도 하나님 허락 없이는 목숨이 떨어지지 않는다' 이 말은 하나님 허락 하에서 사람의 생명은 죽고 산다는 말씀이다. 다니엘은 이 믿음에서 죽음에 눌리지 않는다. 그러므로 사자 굴에 들어갈 수 있었다.

사람들은 죽을까봐 벌벌 떨면서 세상을 산다. 안 죽으려고 목숨 관리에 목숨을 건다. 바보스럽고, 왠지 모자라 보인다.

수치에 눌린다

지식인간, 사회인간, 인격인간이 무서워하는 것이 '수치'이다.

부끄럼, 수모, 창피함을 사실 두려워한다. 이런 것을 감당하지 못해서 지성인간이 자살을 선택하는 것이다. 모든 사람은 부모나 자식에게 부끄럽지 않기를 바란다. 사람에게 수치당하는 것을 가장 경계하는 것이 인간이다. 이것이 인간의 함정이다. 사람은 부끄러움을 당할 수 있다. 신앙은 수치를 감당할 수 있다. 이것이 기독교가 말하는 '경건의 능력' 즉 믿음이다.

다니엘은 수치와 부끄러움을 뛰어넘는 거룩한 믿음철학이 있다. 그가 받는 부끄러움이 거룩하다. 그가 당하는 치명적 수치가 성(聖)스럽기에 이른다. 다시 말하면 하나님 신앙, 믿음목표에 서서 당하는 수치, 부끄러움은 '영화(榮華)'로움 또는 '영화(靈化)'이다. 즉 인간이 신(神)으로, 나아가 육이 영(靈)이 되는 것이다. 죄인인간, 세상인간이 무엇으로 거룩, 영화인가? 수치 당함이다. 이것이 기독교다.

부끄럽지 않다

다니엘의 최후가 사자 굴이다. 이 일이 악인들과 사탄이 승리의 축배를 들게 한 것이다. 하나님을 섬기는 다니엘은 사자 밥이다. 하나님의 종 다니엘은 짐승에게 던져졌다(20절). 이것이 믿음의 사람 다니엘의 말로(末路)다. 한 인간으로서 비극이다. 이 이상의 비참한 최후가 어디 있겠는가? 그런데 이 최후 비극이 '부끄럽지 않다'는 것이다. 비극인데 깨끗하다. 비참한데 아름답다.

세상인간은 성공에서 악취가 난다. 청문회를 해보면 출세에서 쓰레기더미가 나온다. 그래서 이 세상 모든 인간은 부끄럽다.

부끄럽지 않는 다니엘, 이것이 기독교회다. 이것을 교회는 세속 사회에 보여주어야 한다.

본문을 보면 다니엘의 비극 말로를 주도한 사람들, 즉 관리들과 다리오 왕이 번민하며 근심하고 있다(14, 18절).

당하는 사람 다니엘은 사자 굴에서 영적전쟁을 승리하고 하나님께 감사 찬양을 했을 것 같다.

우리는 이 세상에서 하나님께 부끄럽지 않는 신앙에 서야 한다. 신앙에 부끄러움이 없는 삶을 살자!

보여주었다

다니엘은 사자 굴에서 살아계신 하나님을 보여주었다. 구원을 보여준 것이다(20절). 사자 굴에서 하나님의 역사를 보여주었다.

이것 또한 우리 시대의 교회 과제이다. 하나님 존재, 그리고 구원하시는 역사를 세상에 보여주는 교회이다. 문제는 여기에 함정이 있다는 것이다. 성장부흥으로 보여주려고 한다. 이것은 미혹이다. 물리적으로 잘 되어서 세상에 하나님을 보여준다는 것은 거짓영의 미혹이다. 이것은 기독교가 아니다.

예수님은 사랑과 섬김, 그리고 십자가에서 기독교를 보여주셨다. 다니엘은 사자 굴에서 하나님 실존을 보였다. 그런데 우리는 타락한 논리로 하나님을 보이려 한다면 희망이 없다. 다니엘은 사자 굴에서 **"상하지 않음" "해 받지 않음"**을 보여주었다(22절).

이것은 시사하는 바가 크다. 우리도 세상에서 상해입지 말아야 한다. 물질세상에서 상처받아서는 안 된다. 물질 문제, 세상 일로 이미지 상처, 마음 상처, 믿음 상처 받으면 안 된다. 하나님은 사자의 입을 막아서 다니엘을 보호하셨다.

형통하였더라

다니엘은 사자 굴에서 형통하였다. 28절에 **"다니엘이 다리오 왕의 시대와 고레스 왕의 시대에 형통하였더라"** 그는 비참한 세상에서 형통했다. 험악한 세월에서 형통하였다. 이것이 믿음 세계, 하나님 세계다. 다니엘은 무서운 시험, 사탄의 역사, 대적들의 공격에서 순수한 신앙으로 벗어나서 대제국 바벨론의 국무총리로 재신임을 받아 형통하여 하나님께 영광을 돌렸다.

기독교는 고루하고 칙칙한 종교가 아니다. 하나님 세계는 진정한 승리영광이 있다는 사실이다. 인간적인 머리를 굴리고, 약삭빠르게 놀고, 계산적으로 살아서 형통하는 그런 기독교가 아니다.

순수하게 믿음으로 살고, 하나님 신앙을 지키다가 피해, 고난, 환란, 비극을 당할 때에 하나님이 피할 길을 내서서 형통하게 되는 것이다. **"그는 구원도 하시며 건져 내기도 하시며 하늘에서든지 땅에서든지 이적과 기사를 행하시는 이로서 다니엘을 구원하여 사자의 입에서 벗어나게 하셨음이라"**(27절)

살아가면서 너무 자기 인생을 구원하려는 오만을 버려라! 하나님이 건지시고 구원하시게 하라!

말리지 말라
(단3:13-18)

끌려옴(13절)

끌려서 판사나 검사 앞에 서면 대부분의 사람들은 기가 죽는다
고 한다. 죄송합니다, 앞으로 잘 하겠습니다라는 말을 되풀이 한
다고 한다. 어떤 사람도 재판장 앞에서 꼼짝 못하게 되어 있다.

그런데 지금 유대인 세 친구 사드락, 메삭, 아벳느고가 당시 초
강국의 왕인 느브갓네살 앞에 끌려 나왔다. 이 상황에 이르면 누
구도 마음의 빗장을 내려놓게 되어 있다. 다시 말하면 왕에게 설
득 당한다는 것이다. 왕의 면전에 끌려옴, 이것은 다른 퇴로가 없
는 막다른 길에 선 것이다. 누구든지 왕에게 말리게 되어 있다.

그런데 유대인 세 친구는 왕의 면전에서 말려들지 않는다. 자기
신앙에 흔들림 없이 당당하다.

그리스도인은 이것을 본받아 세상에 말려들지 말아야 한다. 한
번 말리면 걷잡을 수 없다. 유명무실한 신앙인이 되고 만다. 죄사

함 받은 사람, 구원받고 하나님 영에 거하는 사람, 은혜의 사람도 세상에서 아무 능력이 없는 유명무실이다. 그래서 말만 교회, 기독교이지 실상은 무기력하다. 그러나 유대인 세 친구는 왕 앞에서 하나님 신앙에 흔들림이 없다.

사실이냐(14절)

사람은 대통령의 권위에 눌리게 되어 있다. 누가 왕 앞에서 감히 자기 주장을 편단 말인가? 불가능하다. 그런데 본문에 유대인 세 친구는 자기 신앙에 후회함이 없이 의젓하다. **"느브갓네살이 그들에게 물어 이르되 사드락 메삭 아벳느고야 너희가 내 신을 섬기지 아니하며 내가 세운 금 신상에 절하지 아니한다 하니 사실이냐"** 이 상황에서 인간의지. 인간이성은 '사실이냐'는 왕의 말에 압도되어 무너지게 되어 있다. 그러나 유대인 세 친구는 하나님 신앙에 건재하다. 우상숭배는 있을 수 없다는 자세이다.

이런 면에서 우리나라 교회는 아쉽다. 연예인, 스포츠 스타, 인기인, 유명인, 사회 저명인사에 한없이 약하다. 성도들이 이런 사람들에게 말려든다. 이런 사람들의 종교와 신앙, 그리고 그들이 다니는 교회에 열광한다. 그들이 하는 간증이 진리인 줄 안다.

하나님 신앙은 사탄권력과 싸우는 것이다. 우리 믿음은 세속물질과의 전쟁이다. 신앙은 웃고 즐기는 놀이가 아니다. 신앙은 전투이다. 다시 말하면 신앙은 하나님 말씀으로 무장한 영적군사이다. 우리는 세상을 살되 세상에 말려들지 말아야 한다.

이제라도(15절)

왕의 회유다. 왕의 배려다. 이것이 '이제라도'이다. 왕이 다시 기회를 준 것이다. 왕이 보여주는 특별한 은혜이다. 보통사람은 배려, 특혜에 말려들게 된다. '이제라도' 이것은 한 인간으로서 정말 외면하기 어려운 사랑이다. 이것이 사탄역사, 이단역사, 거짓 신앙역사이다. 이 사랑에 말려서 인간신앙은 파멸에 이르는 것이다. 사랑에 말리지 않기를 바란다.

인간의 약점이 사랑이다. 사랑에 약한 것이 인간이다. 세상 사람은 사랑에 멍든다. 사랑 때문에 파산한다. 이 거짓사랑, 타락한 사랑, 썩은 사랑에 말려서 자기의 고귀한 인생을 날려버리는 더러운 세상이다.

본문에 유대인 세 친구는 '이제라도'를 극복한다. 이 말에 말리면 세상인간이 화려하게 부활하여 부귀영화에 이르는 바벨론 멋진 인생이 될 수 있다. 그러나 '이제라도'를 놓치면 이들 인생은 풀무불 속의 재이다. 그야말로 흔적도 없이 이슬로 사라지는 무명초다. 그렇다 할지라도 유대인 세 친구의 하나님 신앙은 바벨론의 영광보다 크다. 그러므로 왕의 회유 '이제라도'를 외면한다.

이 일에 대답할 필요가 없나이다(16절)

세 사람은 왕 앞에 끌려왔다. 느브갓네살은 정말로 너희가 금 신상에 절하지 않았는가라고 묻는다. 이것은 그들에게 최후통첩이다. "내가 만든 신상에 절하면 좋거니와 너희가 만일 절하지 아니하면 즉시 너희를 맹렬히 타는 풀무불 가운데에 던져 넣을 것이니 능히 너희를 내 손에서 건져낼 신이 누구이겠느냐 하니"(15절) 사람이 죽음을 피하는 것은 인간본능이다. 누구든지 죽음 앞에 서면 두려움에 흔들리는 것이 인간 연약이다. "내가 만든 신상에 절하면 좋거니와" 절하면 좋다는 것이다. 사람은 자기 좋은 대로 가는 것이 세상인생이다. 사실 여기서 성공출세, 그리고 번영이 발생하는 것이다. 그런데 문제는 여기에 함정이 있다는 사실이다.

세상을 보라! 세상 성공출세와 번영을 위해 그들이 주로 하는 것이 절하고 다닌다. 절하며 산다. 왜인가? 자기 인생에 좋기 때문이다. 절이 자기를 살리는 것이다. 문제는 절에서 인간존엄, 나아가 인간가치는 무너지는 것이다. 인간이 그런 성공번영에 절하고 다닐 만큼 낮은 존재가 아니다. 사람이 만든 신상과 자연에 절하고 사는 존재가 아니고, 다스리며 지배하고 사는 만물의 영장이다.

그래서 사드락, 메삭, 아벳느고는 '대답할 필요가 없다'고 무시해 버렸다. 그러므로 이들은 영웅이다. 말려들지 말라!

그리 아니해도 절하지 아니하리라(18절)

세 친구들은 하나님께 절대적인 신뢰를 보였다. 그들의 하나님은 느브갓네살 왕보다 크시고, 자기들을 그의 전능하신 능력으로 느브갓네살 왕의 심판에서 건져낼 수 있다고 천명했다.

하나님은 우리에게 완전한 복종을 요구하신다. 하나님께 순종하는 것은 생명보다 중요하다. 세 친구의 신앙에는 사심이 없다. 그러므로 그들은 세상사, 인생사를 떠나서 하나님이 풀무불에서 구해주시지 '아니하실지라도' 그들은 하나님을 섬겨야 한다는 것이다. 이것이 신앙이다. 우리가 잘되고, 성공하고, 구해주시고가 신앙의 최후 증거가 아니다.

종교가 너무 흔하게 위기에 직면한 사람에게 도피하는 길이 되는 것이 허다하다. 그러나 생의 위기에서 도망칠 길을 제공하는 것이 하나님께서 인간을 다루시는 주목적은 아니다. 오히려 전능하신 하나님은 생의 의미를 제공해주신다.

역사에 나타난 성자와 영웅들이 보여준 신앙은 '도피'가 아니고 '의미'였다. 히브리서 11장에 나타난 믿음의 사람들이 도피했는가? 과감히 믿음으로 맞서서 하나님 신앙의 의미를 드러내었다. 인간이 고난, 가난, 죽음을 도피할 수 있는가? 없다. 그럼에도 불구하고 종교는 끊임없이 이것에서 도피시키려는 어리석은 짓을 했다. 그리고 사람들은 여기에 말려서 재미없는 신앙에 질질 끌려가는 모습이다. 당신이 여기에 말려서 하는 신앙생활은 아닌지 살펴야 한다.

유대인 세 친구처럼 맞서면 이기고 물러가는 것이 신앙이다. 이것이 역사가 증명하는 기독교이다. 도피해서 여기가 아니고, 맞서서 여기에 이른 기독교다. 세상에 밀리지 않는 삶을 살자!

과학인간은 풀무불에서 구원 받을 가능성은 제로다. 절망이다. 여기서 사실 확인에 들어간 왕의 눈에 세 사람과 함께 '신의 아들' 같은 또 하나의 넷째 사람을 보고 놀라고 있다(25절). 그리고 세 친구는 그을림도 없이 말끔하다(27절).

절망을 도피하면 죽음이다. 그러나 절망에 직면하면 희망이며 구원이다. 세상에 말리면 죽음이다. 그러나 신앙으로 세상 풀무불을 직면하면 하나님의 새 역사를 보게 되는 것이다. 물에 말리면 죽는다. 세상에 말리면 인생파산이다.

밀리지 말라
(단3:8-12)

경쟁에서 밀리지 말라

사회적 그리스도인이다. 사회적 교회다. 우리는 세상에서 하나님의 사람이다. **"너희는 세상의 빛과 소금이라"** 홀로 신앙, 홀로 믿음이 아니다. 사회에서 신앙, 세상에서 그리스도인이다. 이제 우리는 내 자신의 신앙을 넘어서서 세상 속에서 우리가 가진 거룩한 존재감을 드러내는 삶을 살아야 한다. 어두운 세상에 빛이, 부패한 세상에 소금이 되어야 한다.

본문에서 유다 사람 세 명이 대제국 바벨론에서 '하나님의 사람'의 존재감을 보여주고 있다. 그 사람이 사드락과 메삭, 아벳느고다(12절). 그들은 포로, 즉 노예로 바벨론에서 국가 요직에 오른 성공적인 유다 사람들이다. 그들은 세상 어디에서든지 뛰어난 유대인의 정체성을 보여주어서 요직에 추대된 사람들이다.

우리는 세상에서 무엇을 잘하고, 잘된 것을 보이려 하지 말고,

내가 누구인지, 내 신앙이 무엇인지를 보여주는 그리스도인이 되어야 한다. 그럼으로 우리는 사회에서 추대 받는 사람이 될 것이다.

조직에서 밀리지 말라

모든 사람은 자기 이익에 매달려서 세상을 산다. 그래서 아부하고, 사람에게 줄서기 하며 평생을 소신 없이 종이 아닌 종이 되어서 산다. 그러므로 그 조직에 인생을 걸고, 목숨을 바쳐서 충성한다. 이것이 세상살이인가? 부끄럽다. 뭔가 좀 이상하다.

우리 그리스도인은 이 부분을 극복해야 한다. 사회 어느 조직에서든지 문제는 신앙이다. 신앙을 무시하거나 버리면서 조직에 충성한다는 것이다. 하나님의 부르심과 사명에 서지 못하고 세상에 밀려서 병신 아닌 병신, 유다 아닌 유다가 되어서 믿음 없는 사람으로 살아간다는 것이다.

사드락, 메삭, 아벳느고는 다르다. 세상 이익과 성공에 걸려서 살지 않는다. 자기 인생에 묶여서 세상에다 자기 존재를 파는 장사가 아니다. 그들은 바벨론 왕과 국가가 정한 종교법을 초월하여 11, 12절에서 '하나님 외에 다른 신에게 절하지 아니함'을 보여주는 유대인이다. '풀무불에 던져짐'을 초월하여 두려워 아니하는 하나님 절대 신앙을 보여준 것이다.

관계에서 밀리지 말라

　사회성공은 누구를 만나느냐, 어떤 사람을 따라가느냐가 중요하다. 사람 잘 만나서 출세하고, 인생이 풀리는 사회이다. 사람관계를 소홀히 할 수 없는 사회구조이다. 이것이 또한 함정이다. 세상 사람에게 우리 인생을 바쳐도 될 만한 사람은 없다는 것이다. 그 사람이 대통령이고, 대그룹의 회장이라도 우리 인생을 책임지지 못한다. 이것이 사람의 한계다.

　여기서 문제는 우리 그리스도인들이 세상을 살아가면서 자기중심 신앙은 지켜야 한다는 것이다. 우리는 소중한 인간관계로 인하여 하나님의 부르심과 소명을 버릴 수는 없다는 말이다. 사람관계도 중요하지만 거기서 하나님 관계를 지키는 신앙이 필요하다.

　본문에 나타난 유대인 다니엘의 세 친구를 보라! 세상 사람은 언제나 적이다. 가까운 사람, 동료들, 만나는 친구, 함께 일하는 사람이 방해자 또는 넘어뜨리는 사람이 될 수 있다는 사실이다. 8절에 **"갈대아 사람들이 나아와 유다 사람들을 고소하니라"** 갈대아인은 함께 일하는 바벨론 사람이다. 세상 사람들은 정치에 예민하다. 신앙인이 여기서 무너지는 것을 본다. 그러나 유대인 세 친구는 '하나님 신앙'에서는 절대 밀리지 아니한다. 이것이 우리가 사회공동체에서 보여야 할 신앙이다.

악법에 밀리지 아니한다(8절)

악법도 법이라는 말이 있다. 법을 이긴다, 법과 싸운다는 것은 어리석고 무모한 일이다. 그러나 사드락, 메삭, 아벳느고는 법에 맞선다. 법과 대치한다. 더군다나 이방인이면서 그 나라 왕의 명을, 또는 국가법으로 정한 것에 맞선다는 것은 그 나라에서는 전무후무한 일이다. 놀라운 일이다. 그러나 유대인 세 사람은 이 법을 따를 수 없다, 자신들이 죽는 한이 있어도 지킬 수 없다는 것이다. 그래서 생사 문제가 걸린 그 법에 밀리지 아니하고 있다. 진정한 신앙인이다. 온전한 하나님 사람이다.

11절이 말하는 **"신상에 절하지 아니하면 풀무불에 던짐"**이 무시무시한 결과를 알면서도 밀리지 않는 세 사람이다. 우러러 보인다. 하나님 신앙이 주는 소망이 반짝반짝 빛나는 사람들이다. 티없이 맑은 순백의 신앙이다. 하나님 사랑과 크신 은혜에서 그 어떤 희생의 대가도 불사하는 정말 어린아이 같은 믿음을 보인 것이다. 순교적 믿음만이 보일 수 있는 밀리지 아니함이다.

대세에 밀리지 아니한다(10절)

시대의 흐름이 무섭다. 그 사회의 분위기가 무섭다. 나아가 국민 정서가 무섭다. 여기에 기독교의 난제가 있다. 교회의 핍박과 성도들의 환란이 있다. 하나님 말씀을 가진 사람은 흐름과 분위기, 그리고 정서를 받아들이지 못하는 경우가 발생한다. 이것이 우리가 당하는 십자가요, 고난인 것이다. 그래서 기독자의 길이 좁은 길이다. 지금 이 길을 유대인 세 사람이 바벨론에서 가는 것이다.

온 국민이 다 "금 신상에게 절할 것이라"(10절) 이것이 대세다. 감히 누가 느브갓네살 왕에게 반기를 든단 말인가? 누가 죽음을 받아들인단 말인가? 사드락, 메삭, 아벳느고만이 절하지 아니한다. 대세를 거슬러 올라간다. 대세에 밀리지 아니했다.

우리나라 역사에 유사한 사건이 일제 강점기의 신사참배다. 신앙 지키기 위해 목숨을 바친 순교자의 역사를 가진 우리 교회다. 이것이 우리의 자랑이며, 축복이었다고 말한다. 신앙 지키는 것이 축복이다. 신앙에 밀리면 미래를 잃는다는 사실이다.

거짓에 밀리지 아니한다(12절)

거짓세상이다. 거짓 신앙이 판치는 세상이다. 신앙능력, 신앙공로, 신앙업적은 많은 데 진짜 신앙은 보기 어려운 세상이다. 정말 귀한 신앙은 진짜다. 모양이 나쁘고, 흠이 많아도 진짜가 중요하다. 바티칸 종교를 이루고, 세계 최고의 부흥성장을 이루기보다 초라한 교회, 무기력한 목사, 비천한 성도지만 생명력을 가진 진짜 그리스도인이 그리운 세상이다.

그럼에도 사실은 진짜가 많은 우리나라 교회이다. 눈에 띄지 아니하는 사드락, 메삭, 아벳느고는 우리나라 교회 안에 뿌리를 이루고 있다는 사실에 나는 목사로 감사하지 않을 수가 없다. 그러므로 우리나라 교회를 함부로 매도해서는 안 된다.

"왕이 세우신 금 신상에 절하지 아니하나이다"(12절) 타락한 권세와 부패한 종교에 과감하게 맞서는 세 친구다. 끝장에 밀리지 않는 친구들이다. 결국 이 세 친구들에게 바벨론 제국과 왕 그리고 법, 나아가 권세가 부끄러움이 되어 버렸다. 세 친구의 하나님 신앙에 세상 막강한 권력이 무너지고 만 것이다. 이것이 거짓의 힘, 능력, 권세의 한계다. 거짓은 진짜를 이길 수 없다는 진리다.

피하지 말라
(단6:10-15)

왕의 도장이 찍힌 것을 알고도(10절)

사람이 피하기 어려운 것이 '안면'이다. 남자로서 안면몰수는 힘든 일이다. 사회에서 비이성이 되는 것이 안면 때문이다. 이것은 한 인간으로서 피해 가기가 정말 어렵다. 심지어 조직세계, 정치권력세계, 질서세계에서는 더 어려운 일이다. 이런 세계에서 안면을 바꾼다는 것은 인간이기를 포기하는 것이다. 나는 이것이 세상을 살면서 가장 어려운 일이라고 생각된다.

다니엘은 초인적인 신앙을 가지고 있다. 자신이 섬기는 느브갓네살 왕의 안면을 몰수하면서 하나님 신앙을 지키고 있다. 정말 사탄의 역사는 집요하다. 한 인간으로서 도저히 할 수 없는 일로 다니엘의 신앙을 무너뜨리려 한다. 다니엘은 왕의 안면을 바꾸지는 못할 것이라는 전제로 간교하게 인간 약점을 파고든 것이다. 그러나 다니엘은 사탄이 보는 인간 약점을 피해간다. 그것은 무엇인가? 왕의 안면 즉 배신자로 낙인찍히는 것을 두려워 아니하고 하루 세 번 기도한다.

전에 하던 대로(10절)

우리가 세상을 살면서 피하기 어려운 것이 '은혜'이다. 부모님의 은혜에 노예가 되어 세상을 사는 사람들, 어떤 사람의 은혜가 너무 귀해서 그 은혜에서 벗어나지 못하고 사는 사람들, 이 사람들은 이상하게 병신 아닌 병신, 바보도 아니면서 세상을 바보처럼 산다. 평생을 인간 은혜에 걸려서 질질 끌려가는 사람들을 주변에서 흔히 본다. 나는 이런 사람이 불쌍하게 보인다.

여기서 신앙이 안 된다. 그리스도인이 안 된다. 우수하고 뛰어난 사람인데 사람 은혜에 걸려서 하나님 신앙이 형식에 머무는 사람들을 실명을 들어서 멘토하고 싶다.

다니엘은 '전에 하던 대로' 신앙을 지킨다. 전과 같이 기도한다. 사람 은혜, 왕의 은혜에서 신앙이 막히지 않는다. 인간사랑, 정(情), 의리에서 신앙을 버리는 세태에 다니엘의 신앙이 던지는 메시지가 크다는 사실이다.

하나님께 감사하였더라(10절)

우리가 세상을 살면서 피해 갈 수 없는 것이 '하나님 감사'이다.

이것이 다니엘의 신앙이다. 그는 세상에 선 사람, 열린 사람이다. 그는 믿음에 굳게 선 사람이다. 충만에 이른 신앙이다. 하나님 감사는 깊은 경건과 영성이다. 이런 신앙의 사람이 사탄역사와 시험을 이긴다. 우리가 사탄을 이긴다. 인간 은혜와 사랑, 그리고 정과 의리를 이긴다면 그것은 무엇인가? '감사'다. 하나님께 감사만이 이런 사람 거룩함, 인간 신실함과 아름다운 사랑을 이길 수 있다. 하나님 감사에 이르지 못한 사람은 인간 사랑과 은혜에 매몰되어서 비참한 종교인으로 전락되고 말 것이다.

예수님이 마리아와 형제 그리고 가족 사랑을 넘는다. 극복하신다. 하나님 신앙으로 사람 사랑을 극복하신 것이다. 하나님 감사에 이르지 못한 사람은 분명히 기억할 것이 있다. 사람을 피하지 못한다는 사실이다. 이것이 신앙세계의 비극이다.

'법'을 피하지 않는 다니엘(12절)

왕의 법이다. 왕의 도장이 찍힌 법이다. **"이제부터 삼십일 동안 누구든지 왕 외에 어떤 신에게나 사람에게 구하면 사자 굴에 던져넣는다"**는 법을 만들어서 왕이 서명한 법이다. 이 법은 다니엘을 끌어내리고 죽이려는 음모이다. 국가의 제2인자로서 법을 피해 갈 수 없는 정말 무서운 법에 하나님의 사람 다니엘이 걸린 것이다. 이 법을 지키면 우상을 섬기는 다니엘이 되고, 이 법을 피해 가면 사자 굴에 던져지는 절대 절명의 순간이다. 여기서 그는 법을 피하지 않고 **"하루 세 번 기도 했다"**(13절)

세상살이에서 법을 무시하고 하나님을 택한다는 것은 정말 어려운 일이며, 죽는 일이다. 그러나 기독교는 이렇게 해옴으로 무서운 박해와 피를 흘리면서 신앙을 지킨 위대한 선조들의 역사다. 이것이 기독교의 가치이며, 존경이다.

세상은 끊임없이 타협이다. 그러나 타협이 되어서는 안 되는 것이 신앙이다. 타협하면 존재감, 나아가 가치관이 무너지는 것이다. 이것이 우리나라 교회와 그리스도인이 빛이 없고 맛을 잃어버린, 즉 존재감을 상실하고 세상에서 짓밟히는 기독교로 전락하고만 것이다. 우리도 다니엘이 되어서 기도신앙을 지켜야 한다. 기도가 진정한 믿음이다.

'왕'을 피하지 않는 다니엘(13, 14절)

다니엘이 법을 지키지 않았다는 것은 자신이 모시는 왕을 배신한 것이다. 다니엘에게 느브갓네살 왕은 특별한 은혜이다. 도무지 있을 수 없는 배려로, 이방인이며 감옥에 갇힌 유대인 청년을 대제국 바벨론의 총리로 세운 것이다. 이런 큰 은혜를 베푼 왕을 다니엘이 버린다는 것은 인간이기를 포기한 것이다.

흔히 여기서 신앙을 버리는 인간 한계이다. 다니엘은 이 한계를 넘어서 기도신앙을 지킴으로 왕을 배신하고 인간이기를 포기한 유대인이다. 국민이 지켜보는 정치 정상에서 왕을 무시해 버린 다니엘이다. 얼마나 고뇌가 깊었을까? 이 고뇌가 하나님 사람이며, 진정한 신앙인이다. 보통사람은 인간들에게 인정받으려다가 존재

가치를 잃어버린다. 여기에 걸려서 별 볼일 없는 사람이 된다.

그러나 하나님은 다니엘을 바이블화(化)시켜서 역사에 신실한 이름으로 높이 들어주셨다. 할렐루야!

'말(末)'을 피하지 않는 다니엘(15절)

다니엘이 사자 굴에, 신앙기도 때문에 사자 굴에, 왕과 법을 버리고 사자 굴에, 배신자가 사자 굴에, 이것은 한 인간으로서 들어서는 안 될 말이다. 보이지 말아야 할 추한 모습이다. 그런데 다니엘은 이 추한 모습을 인간들에게 보이기로 했다.

사람으로 살면서 사실 끝이 좋아야 되는 것 아닌가? 저도 올해 예순 살이 되면서 기도가 달라진다. 간절한 기도가 자신도 모르게 새벽마다 되풀이 되는데 60대(代), 10년을 하나님 영광으로 살도록 써주시옵소서! 이것이 저의 애절한 기도가 되었다. 사람은 끝이 두렵다. 인생 마무리가 두려운 것이다.

그런데 다니엘은 마무리가 '사자 굴'이니 안 좋다, 비참하다, 덕스럽지 못하다. 그런데 이것이 기독교다. 이 덕스럽지 못한 비극을 자신의 선택으로 피해갈 수 있으나 피하지 않는다. 아! 이처럼 추하고 망신스런 모습에서 배어나오는 거룩함, 신령함, 순수한 하나님 사랑, 그리고 고귀한 믿음이 보인다. 부끄러움이 없는 반짝반짝 빛나는 다니엘에게서 무지개가 보인다.

형제자매 여러분! 끝이 좋아야 된다고 생각하는 것 자체가 우리 인생신앙에 먹구름이다. 인생신앙 결말이 보잘 것 없는 것을 두려워한다면 이 또한 추한 인생신앙이 되는 것이다.

우리 예수님, 십자가에서 강도와 동급이 되어서 모든 사람들에게 비웃음을 당하신 것은 기독교의 팡파르다, 피날레다.

제2장

견디기

> 현대인들은 교회와 예배가 문화 수준으로 보인다. 품격
> 있는 예배, 고상한 교양과 신사숙녀로서의 매너로 종교
> 수준에 머문다. 그들에게는 갈급함이나 긴박성은 전혀 없
> 다. 이것은 기독교가 아니다. 교회도, 예배도 아니다. 순전
> 히 인본주의 신앙일 뿐이다. 당신이 나가는 교회, 당신이
> 드리는 예배에서 원하는 것은 무엇인가?

물질 극복
(행5:1-11)

사탄이 물질이다

물질은 하나님이 주신 축복이며, 선한 도구다. 우리가 살아가는데 정말 귀한 것이다. 그런데 이 물질이 우상 또는 절대화되어 버렸다. 이것이 사탄의 역사다. 이 세상 모든 진리, 신앙, 능력, 축복 그리고 하나님을 사탄은 물질화시켜 버렸다. 물질적 하나님이다. 물질적 신앙이다. 물질적 진리다. 물질이 아니면 하나님도 아니다. 물질이 아니면 진리가 아니다. 물질이 아니면 축복이 아니다. 그래서 세상은 물질 우상화가 되었다. 따라서 물질 축복, 물질 교회, 물질 은혜, 물질 사랑, 물질 하나님이 되어 버렸다.

세상을 보라! 완전히 물질화, 물질주의가 되어 버렸다. 심지어는 종교, 신앙, 예배와 기도까지도 여기에 영합되어서 믿음세계, 영적세계가 구별이 안 되어서 혼란이다. 물질화에 의해서 진리가 없는 세상이다.

우리 그리스도인은 이 부분을 분명히 극복해야 한다. 물질극복 없이는 메시아와 은혜, 그리고 하나님 나라도 없다. 이 상태가 본 문에서 보여지는 아나니아와 삽비라 부부의 비극이다. 신앙 실패, 영적 실패로 나타났다. 사람이 물질주의에 빠지면 **"사탄이 네 마음에 가득하여 네가 성령을 속이고"**(3절) 이것은 마음을 사탄에게 빼앗긴 것이다. 마음이 없는 예배가 되는 것이다. 마음이 없는 신앙이다. 얼마나 무서운 비극인가? 마음이 없는 아나니아와 삽비라다. 마음이 없다면 다 없는 것이다.

세속이 물질이다

경제가 세상 관심사다. 돈이 인간의 관심사다. 권력이 추구하는 것이 지금은 경제다. 돈 세상이다. 세상 권력을 돈으로 보여야 한다. 좋은 것과 옳은 것, 그리고 의와 선을 돈으로 평가한다. 돈이 좋은 것이며, 돈이 선한 것이다. 돈이 아니면 어떤 진리나 의(義)도 가치가 없다. 인정받지 못하는 세상이다.

여기서 하나님 나라, 기독교 복음은 좁은 길이다. 협착한 길이다. 가는 사람이 거의 없다. 외로운 길이다. 그럼에도 이 좁은 길을 가는 사람이 그리스도인이다. 우리는 이 세상에서 '생명 길'을 가는 것이다.

아나니아와 삽비라 부부는 좁은 길에서 밀린다. 물질에 밀린다. 대로(大路)와 다수(多數)의 넓은 길에 미혹되어서 멸망 길로 간다. 이것이 세상 기독교다. 세속신앙이다. 교회 안에 대다수의 많은 사람들이 세속을 극복하지 못하고 물질의 화려한 멸망 길에 매료되어 타이타닉의 고급문화를 즐기며 멸망전야의 세상을 사는 모습이다.

우리 그리스도인은 화려한 세속문화와 물질유혹을 극복해야 믿음을 지키는 승리자가 될 수 있다.

돈의 노예

아나니아와 삽비라 부부는 돈의 노예다. 돈의 종노릇을 하고 있다. 자기 소유의 돈에게서 인격과 신앙이 무너지고 있다(1, 2절).

이들의 마음과 신앙, 그리고 인격이 돈에 의해서 유린당하는 상태이다. 이렇게 인간이 돈에 약하다. 돈에 의해 그 사람이 가진 업적, 우수함, 인격, 신앙이 짓밟히고 있다. 아나니아와 삽비라가 어떤 사람들인가? 이들은 초대교회의 신자이다. 당시 초대교회 교인들은 자신의 소유를 팔아서 교회에 바치는 헌신하는 사람들이다. 뜨거운 신앙이며, 순교적인 믿음을 가진 경건한 사람들이다.

그런데 이들이 돈 문제, 즉 물질에서 시험에 들고 만다. **"얼마를 감추매" "성령을 속이고"**(2, 3절) 돈에 의해서 신앙이 거짓되었다. 돈으로 말미암아 성령을 속인 죄로 죽임을 당하고 말았다(5, 6절).

이 말씀을 우리 시대에 적용을 해보면 돈에 의해서 우리 믿음이 거짓될 수 있다는 것이다. 돈으로 말미암아 믿음이 죽을 수 있다는 사실이다. 우리의 믿음과 예배, 그리고 기도가 돈으로 인해서 거짓됨, 죽음, 즉 영이 죽음, 예배가 죽음, 기도가 죽음이다. 이것이 우리 시대의 실상으로 보인다. 우리는 돈의 노예가 아닌지, 이 것을 과감하게 극복해야 믿음과 예배, 그리고 기도가 산다.

돈이 주도

아나니아와 삽비라 부부의 영적 상태를 진단해보면 돈에게 마음을 빼앗기고 있다는 것을 보게 된다. **"베드로가 이르되 아나니아야 어찌하여 사탄이 네 마음에 가득하여 네가 성령을 속이고 땅 값 얼마를 감추었느냐"**(3절) '사탄이 마음에 가득' 이것은 마음을 사탄에게 빼앗긴 것이다. 우리 믿음, 우리 예배, 우리 기도의 주체가 마음이다. 아나니아는 이 마음을 사탄에게 빼앗긴 상태다.

세상을 살아가는 우리 인간에게서 물질, 즉 돈은 강하고 큰 것이다. 현실적으로 가장 필요한 것이며, 없어서는 안 되는 절대적인 것이다. 이렇게 중요한 것을 이용해서 사탄은 마음을 빼앗는 것이다. 아나니아가 물질에 마음을 빼앗긴 것이다.

마음이 인간의 근본이다. 마음이 중심이다. 이 근본과 중심을 빼앗긴 아나니아다. 이것이 또한 현대인의 상태다. 물질에 마음을 빼앗기고 마음 없이 사랑, 마음 없이 결혼, 마음 없이 교회 다님, 마음 없이 예배드린다. 마음 없이 봉사하고 신앙생활 한다.

마음이 없이 하는 모든 것은 위선이며 고통일 뿐이다. 어떤 감화나 감동도 없는 억지 춘향이다. 이렇게 되면 우리 인간이 행하는 사랑, 축제, 잔치, 예술, 노래와 춤, 신앙, 즐거움이 '술집 여자'와 같을 것이다. 몇 푼의 돈에 놀아나며 울고 웃는 것이다. 마음이 없이 놀아나는 것은 진정성이 없는 직업여성과 다를 것이 없다는 말이다. 진정한 마음으로 하나님께 나아가자!

돈이 지배

돈이 지배하는 세상이다. 하나님의 영, 즉 성령의 지배를 받을 만물의 영장인 사람이 돈에 지배된다는 것은 서글픈 이야기다. 있을 수 없는 일이다. 이것이 세상 인간의 비극이다. 나아가 교회와 신자의 거룩함의 구별이 없는 타락이다.

아나니아와 삽비라 부부에게서 거룩한 구별이 없이 섞여버린 모습을 본다. 교회와 신자는 세상에서 구별된 거룩한 사람이다. 돈에 지배되어 살지 않는 거룩함, 돈을 가치로 추구하지 않는 신실함, 물질 부요와 번영을 목적으로 살지 않는 순례자가 그리스도인이다. 우리에게 주어진 축복을 나눔으로 베풀고 섬기는 삶으로 하나님이 예비하신 면류관과 상급을 바라보는 신령한 가치관을 가지고 믿음으로 사는 사람들이다.

우리는 이 세상살이에서 돈에 지배되는 사람이 되어서는 안 된다. 우리가 열심히 일하고 부지런하게 사람들을 섬기면 하나님의 축복이 약속되어 있다. 나누고 베풀며 봉사로 심으면 거두게 하시는 하나님이시다. 행한 대로 축복하시는 하나님이시다.

진정한 마음으로 헌금 생활하라!

진정한 마음으로 사랑하라!

진정한 마음으로 예배드리라!

상황 극복

(요2:1-11)

세상 이해

하나님께서 세상만물을 창조하시고 모든 생명체가 공존하며 살아가도록 자연을 완벽하게 구비하여서 세상이 운행하게 하셨다.

세상은 규칙이 있다. 수고하고 땀 흘려서 거두어서 살게 되어 있다. 노동함으로 얻게 되어 있다. 그리고 서로 나눔으로써 부족함이 없는 세상이다. 그런데 일하지 아니하고 착취하고, 놀면서 하나님의 축복을 바라고, 자연을 다스리시는 하나님께 구하지 아니하고 정욕으로 세상을 건설하여 본래의 자연 질서가 파괴되어서 세상 자원이 부족하여 다투고 싸우는 세상이 되어 버렸다.

하나님 질서를 따르고 기도하면서 노력하면 부족함이 없는 세상이다. 그런데 정욕적으로 경제 바벨탑, 물질 바벨탑을 쌓아서 잘사는 세상, 부요하고 편리한 세상을 추구하다가 자연파괴, 즉 환경오염으로 재앙세상이 된 것이다.

이런 파괴세상에서 우리 인간이 산다. 재앙세상, 기근세상에서 사는 것이다. 나아가 재앙세상에서 믿음이다. 기근세상에서 교회다. 부족한 세상에서 감사다. 불안한 세상에서 예배드린다. 환란세상에서 견고한 신앙으로 굳게 서는 것이다. 이것이 기독교다.

우리 그리스도인들은 세상을 이해하고 종말신앙을 가지고 하나님 나라를 바라보면서 이 곤고한 세상을 포기하지 아니하고 소망을 가지고 선교적으로 사는 사람들이다. 이 세상을 소명을 가지고 사는 기독자이다.

인생 이해

이 세상을 사는 '인생' 모두는 힘들고 어렵다. 생명세계는 고통이 있다. 연어의 고통, 매미의 고통, 나무의 고통을 이해하듯이 인생 고통을 이해해야 한다. 아담 이후의 인생, 에덴 이후의 인생, 선악과 이후의 죄인 인생은 무섭다. 불안하다. 외롭다. 이런 인생의 현실을 받아들이고 극복하는 인생으로서 노아, 아브라함, 야곱, 요셉, 다윗이 되어서 세상을 이루고, 교회를 이루고, 하나님 나라를 이루며 사는 가치인생이다.

인생을 쉽게 생각하지 말아야 한다. 땀 인생, 눈물 인생, 고통 인생에서 열매다, 축복이다, 희망이다. 하나님이 아신다, 하나님이 갚으신다, 하나님이 상 주신다는 사실을 알고 모든 인생질고를 극복하며 살아야 한다.

모든 자연생명체는 고통을 본능적으로 감수하면서 생산적으로 산다. 무서운 더위와 추위를 극복하면서 자연생명체는 건강한 존재감을 과시한다. 우리 인생은 이성적으로 고통을 이해하는 인격적 신앙으로, 성숙한 그리스도인으로 승화되는 아름다운 열매의 사람이 되어야 한다. 자녀와 후손을 위하여, 이웃과 사회를 위하여, 하나님 나라와 교회를 위하여, 더 나아가 후대와 미래를 위하여 당하는 고통을 기꺼이 받는 그리스도인이 되어야 한다. 고통을 피하면 열매 없는 그리스도인이 된다.

부족 극복: "무슨 말씀을 하시든지 그대로 하라"(5절)

세상은 풍요 속에서 부족하다. 선진국 부요한 나라일수록 절대 빈곤이 있다. 앞으로의 세상은 물 부족, 식량 부족, 자원 부족을 대비해야 한다. 강대국으로 부강한 국가인 미국, 일본, 중국은 부족 극복을 위해서 긴장하고 있다.

마찬가지로 세상교회, 믿음인생, 축복세계, 은혜신앙에도 부족함이 있다는 말씀이다. 본문에 나타난 예수님 세계, 제자들 교회, 그리고 마리아의 신앙에 **"포도주가 떨어진지라" "저들에게 포도주가 없다 하니"**(3절)

사람들은 하나님 세계, 은혜와 축복 세계에 모자람, 즉 부족함을 이해 못하는 기복신앙을 가지고 있다. 그래서 예수님 부족, 은혜의 부족, 축복의 부족, 교회의 부족, 기도의 부족, 임마누엘의 부족, 의인의 부족을 이해 못한다. 이런 하나님의 역사와 기독교 역사를 물질, 경제, 세상형통으로 이해하는 안타까운 영적 무지와 어리석음에서 은혜와 충만을 상실하고 침체에 빠진 신앙을 보인다.

인간은 축복의 부족을 알아야 한다. 은혜의 부족을 받아들여야 한다. 부족에서 하나님께 나아간다. 부족에서 믿음이다.

본문에서 보여주는 아름다운 역사는 부족에서 '말씀'으로 나아간다. 이것이 기독교 신앙이다.

우리는 부족하여 어렵고 힘들 때 말씀에 따라 살아야 부족을 극복하는 기적을 경험하게 된다는 사실이다.

가난 극복: "항아리에 물을 채우라"(7절)

우리 그리스도인들은 부요사상, 하나님 의식을 가지고 가난을 극복하고 승리하는 인생을 살아야 한다. 과학지식은 원소가 발전, 진화이다. 원소에 따라서 진행이다. 그런데 창조세계는 다르다. 무에서 유를 만든다. 없는 것을 있게 하신다. 안 되는 것을 되게 하시는 것이다. 죄인이 의인되게 하신다. 죽은 것을 살린다. 본문에서는 **"물이 변하여 포도주가 되게 하셨다"** 믿음의 세계에는 기적이 있다. 물이 포도주가 된 것은 창조역사다. 기적이다. 이것이 기독교 신앙이다.

"항아리에 물을 채우라" 이것이 우리가 할 일이다. 물을 채워서 뭐하겠는가? 과학지식으로 보면 웃기는 일이지만 창조신앙을 가진 사람은 지금도 물을 항아리에 채운다. 교회로 모임, 예배로 모임, 기도로 모이면 물이 변하여 포도주가 된다. 이것이 믿음이다.

"누구든지 그리스도 안에 있으면 새로운 피조물이라" 작은 것, 하찮은 것, 쓸모없는 것, 즉 '물' 같은 사람도 그리스도 안에 있으면 귀한 보화가 되는 세상이다. 가난한 연보, 과부의 동전, 어린아이가 드린 물고기와 보리떡이 부요를 이루듯이 가난의식을 버리고 말씀대로 모이고, 드리고, 채우는 기독교 의식으로 살 때 가난을 능히 극복할 수 있는 것이다.

환경 극복: "이제 연회장에게 갖다 주라"(8절)

섬기는 신앙, 섬기는 교회이다. 섬김이 있는 곳에 변화가 일어난다. 우리는 환경에 위축되어서는 안 된다. 기독교회와 리더는 환경을 극복한 사람이 되어야 한다. 이것이 사실은 경건의 능력이다. 광야를 극복, 홍해를 극복, 난국을 극복하는 정신믿음을 가져야 승리한다.

제자들이 보여준 극복영성을 보라. 귀하다. **"갖다 주라 하시매 갖다 주니라"**(8절) 물을 가지고 나누고 섬기는 신앙자세이다. 이런 유연한 믿음, 순수한 신앙에서 역사는 일어나는 것이다. 부족한 대로, 모자란 대로 열악한 상황에서 나눔이다. 즉 가난에서 베풂, 구제 사랑이다. 여유롭지 아니한 상황에서 교회, 물을 가지고 잔치하는 기독교, 이것은 예수님으로 잔치한다는 것이다. 예수님으로 예배드린다는 것이다. 예수님으로 기뻐하고 즐기는 신앙을 보여준 것이다. 물을 갖다 주었다는 것은 예수님을 나누었다는 말씀이다. 초대교회와 같이 예수님 말씀을 나눈 예배이다.

우리는 자본주의에 물들어서 돈이 아니면 기뻐하지 못한다. 돈이 없이는 사랑도 안 된다. 이것이 이 시대에 무너지는 영성이다. 본문의 잔치는 다르다. 환경이 나쁘다. 물질의 한계가 왔다. 그래도 사랑, 나눔, 교회가 된다. 은혜로운 예배를 이룬다.

'물'로, 즉 예수님으로 예배와 교회를 이룬 것이다. 당신의 신앙은 돈인가? 돈 신앙은 퇴로가 없다. 예수 믿음에 굳게 서라!

자기 극복

(행3:1-10)

체면 자유

내 인생이 남에게 짐이 된다는 생각을 해보라! 본문에 나오는 사람은 남의 등에 업혀서 산다. 자기 힘으로는 움직일 수 없는 중증 장애인이다.

사람은 남에게 짐이 될 수 있다. 다른 사람에게 피해도 될 수 있다. 그럼에도 사람들은 다른 사람에게 도움이 되는 인생만을 살려고 한다. 여기에서 심각한 신앙 갈등이 빚어지는 것이다. 내 인생이 남에게 도움도 되어야 하지만 피해가 되는 경우도 있다는 사실이다. 이렇게 생각해 보자! 다른 사람에게 도움이 되어야 한다고 생각하는 것은 매우 위험한 인생관이다. 때로는 다른 사람에게 피해를 주면서 살 수도 있다고 생각해야 한다.

우리 사회의 문제는 이런 것이다. 사람들이 가족에게 도움만 주려고 한다는 것이다. 피해를 줄 수도 있다는 사실을 받아들여야 건전한 사회를 이룰 수 있다. 특히 가족에게 피해가 되지 않으려는 강박감은 사람을 극단적 이중인격자로 만든다는 것이다. 사회에 더 큰 범죄를 저지르면서 가까운 사람들에게 도움이 되려는 자세는 아주 나쁜 인격이다.

본문을 보면 걷지 못해서 남의 등에 업혀서 산다. 이 사람은 이렇게 사는 것이 정직이다. 세상은 남에게 피해를 주면서 살 수도 있다는 말이다. 여기서 건전한 사회가 나오는 것이다.

이미지 자유

사람에게 잘 보이기 위해서 귀한 사람이 망가지는 세상이다. 가까운 사람들에게 인정받으려 하다가 주변 사람들에게 적이 되는 세상이다. 사람들에게서 좋은 이미지, 이 덫에 걸리면 세상에서 하나님의 사람으로 사는 것은 불가능하다. 지금 세상은 이 덫에 걸려서 귀한 하나님의 사람들이 넘어지고 있다.

본문에 나오는 이름 없는 사람은 하나님의 사람이다. 그런데 병신, 거지다. 교회는 날마다 다니는데 구걸하러 간다(2절).

나쁜 신앙은 교회에서 폼 잡고, 과시하고, 구제하고 봉사한다. 이것은 좋은 나쁜 신앙이다. 이런 신앙을 가진 사람은 실패하거나 거지되면 교회 다니지 못할 것이다. 쪽팔리는 것은 죽어도 못하기 때문이다. 있을 때는 잘 믿는다. 그런데 무너지거나 실패하여 거지되면 교회와 예배에 나아가지 못할 것이다. 이유는 사람들에게 망신이 두렵다.

우리 그리스도인은 사람을 의식해서 사는 사람이 아니다. 하나님의 자비와 긍휼하심이 크기에 사람들에게 망신 따위는 자유이다.

본문의 주인공은 부끄러움을 안고 날마다 성전에 나아가는 신앙이다. 큰 믿음이다. 거룩해 보인다.

우리는 하나님 은혜를 입은 사람으로서 기쁨과 감사로도 성전에 나아가지만, 사실은 부끄러움과 괴로움을 안고 하나님께 나아가는 진정한 신앙이 필요하다는 사실이다.

운명 극복이다: "나면서 못 걷게 된 이"(2절)

사람은 타고난 운명이 있다. 그러나 그리스도인은 운명론자는 아니다. 타고난 저주나 불행도 믿음으로 이기고 축복으로 사는 것이다. 본문에 나오는 사람은 자신이 태어나서 보니 장애자다. 걷지 못하는 사람이다. 불행을 타고난 사람이다. 그러나 이 사람은 운명대로 살지 않았다. 불행하게 살지 않았다. 다시 말하면 불행을 가지고 자기의지의 세계로 나아갔다는 말씀이다.

자기 스스로 걷지 못하므로 다른 사람의 등에 업혀서라도 자기 인생을 주도적으로 살고 있다. 본문 2절을 보면 업은 사람과 업힌 사람이 비교된다. 누가 주도하는가? 업힌 사람이다. 그는 인생을 포기하거나 절망하지 아니하고 희망으로 살고 있는 것이다. 중요한 것은 하나님은 이런 사람을 보신다는 사실이다. 하나님의 시선은 이런 사람을 놓치지 않고 잡아내신다는 사실이다.

당신의 인생살이는 어떤가? 위에서 보란 듯이 사는가? 능력을 가지고 보란 듯이 사는가? 내 힘을 가지고 능히 살아가는가? 이런 인생은 드물다. 이런 사람은 위기다. 당신은 장애가 없는가? 사람은 누구나 장애가 있고, 부족함이 있다. 도움 받아서 사는 인생이다. 세상을 스스로 산다는 생각은 교만이다. 사실은 다 누군가의 등에 업혀서 대통령이 되고 성공하며 사는 인생이다.

인생 극복이다: "사람들에게 구걸하여"(2, 3절)

이 사람이 구걸하며 산다는 것은 거지인생이라는 말씀이다. 사람은 다 '구걸'하며 사는 인생이다. 부자로, 주인으로, 오너로 사는 사람도 사실은 구걸인생이다. 대통령도 전 세계에 다니시면서 국익을 위해 비즈니스 한다. 국가와 국민을 위한 '구걸'이다. 구걸이라는 말이 추하게 들리는가? 구걸은 거지가 하는 낮은 처신인가? 아니다. 큰 사람이 하는 구걸이다. 능력자가 하는 구걸이다. 구걸 정신, 구걸 믿음, 구걸 의지가 그리스도인의 의식이며 세상을 이기는 능력이라고 생각한다. 구걸이 영적 태도이다. 구걸 예배, 구걸 기도, 구걸 신앙이 본문에서 베드로와 요한의 눈에 띈다 (4절).

우리 시대의 문제는 무엇인가? 구걸 믿음, 구걸 예배, 구걸 기도의 결여이다. 구걸 기도를 들으신다, 구걸 예배를 받으신다는 사실이다. 목마름이 없는 신앙, 배고픔이 없는 믿음, 갈급함이 없는 예배는 거짓일 가능성이 높다.

기근세상이다. 가난인생이다. 그러므로 구걸 자세, 구걸 의지를 가진 가난한 심령을 가질 때 승리인생이 될 것이다.

부요의식이 문제다. 이런 사람은 하나님 은혜를 입을 수 없기 때문이다. 당신은 어떤 의식으로 사는가?

자아 극복이다: "날마다 성전 미문에"(2-10절)

이 사람은 살기 위해서 성전에 간다. 이 사람이 날마다 성전에 가는 것은 생명 문제이다. 답답해서 교회 아니다. 소외나 외로워서 교회 아니다. 생활 문제나 경제적인 문제로 교회 아니다. 이 사람이 날마다 교회로 향하는 것은 생사 문제, 즉 살기 위해서다. 죽지 않기 위해서 교회로 간다. 생명을 얻기 위해 교회로 나간다. 이것이 교회이며, 진정한 신앙이다.

"베드로가 이르되 은과 금은 내게 없거니와 나사렛 예수그리스도의 이름으로 일어나 걸으라"(6절) 교회에 은과 금이 아니다. 예수에게서 은과 금이 아니다. 이 사람이 교회와 예수를 통해서 기뻐 뛰며 하나님을 찬미하며 일어난 것은 은과 금이 아니다. 죄사함으로 일어난 것이다. 구원으로 기뻐 뛴 것이다(7-10절).

현대인들은 교회와 예배가 문화 수준으로 보인다. 품격 있는 예배, 고상한 교양과 신사숙녀로서의 매너로 종교 수준에 머문다. 그들에게는 갈급함이나 긴박성은 전혀 없다. 이것은 기독교가 아니다. 교회도, 예배도 아니다. 순전히 인본주의 신앙일 뿐이다.

당신이 나가는 교회, 당신이 드리는 예배에서 원하는 것은 무엇인가? 당신이 향하는 그 발걸음이 영생구원이어야 한다. 육신 문제, 물질경제 문제가 아니다. 육신 문제, 경제 문제가 사실 긴박한 것이 아니다. '생명'이 복음이다.

자아 극복
(행6:8-15)

선명하다

누가 보아도 스데반은 선명한 그리스도인이다. 그에게서 그리스도의 향기가 느껴진다. 그 얼굴에서 그리스도의 형상이 보인다.

스데반은 초대교회의 일곱 집사 가운데 한 사람이다. 환란과 핍박시대에 그는 충만한 사람이었다. 마치 혹독한 겨울을 이겨내고 땅에서 솟아나온 새순 새싹 같다. 존경스러운 집사님이다. 그는 교회를 맡아서 관리할 수 있는 사람이다. 그만큼 그는 집사로서 사도들의 사역을 대신할 수 있는 믿음의 사람이었다. 공동체에서 인정받는 사람이다.

앞으로의 시대는 평신도가 교회를 주도하는 시대로 보인다. 평신도 지도자가 예배를 인도하고 설교하는, 그리고 성도들을 관리하는 평신도 지도자가 필요한 세상이다.

스데반에게서 주목되는 것은 '자아 극복'이다. 그는 평신도이지만 지도자로서의 구별된 의식과 감정, 그리고 성숙한 내면을 가진 사람이다. 그에게는 세상 문제, 인생 문제는 이미 극복한 사람이다. 보통사람들의 문제는 세상 문제, 인생 문제에 걸려서 하나님 나라로 나아가지 못하는 것이다. 이 시대를 보면 유능한 사람, 훌륭한 사람들이 다 이런 유에 속하여서 존경을 받지 못하고 있다. 자기 문제를 극복 못한 대통령, 지도자, 리더들이다. 스데반은 자기 문제를 넘어선 사람이다. 하나님 나라에 선 사람이다.

신실하다

부모들의 신실한 면은 자기가 없이 자녀만 있다. 자신의 인생에서 관심사가 자녀이다. 이것이 성숙한 인간의 모습이다. 자녀가 있음에도 불구하고 자기 취미나 자기 야망에 사로잡혀 산다면 이것은 미숙한 사람이다. 보통 어머니들을 보면 자기 인생이 없이 남편을 위해서 산다. 여기서 역사가 만들어진 것이다. 얼마나 존경스러운 어머니인가?

우리나라 교회가 세계사에 기록적인 부흥성장을 이루어서 미국 다음으로 한국이 선교하는 나라가 되었다. 여기에는 신앙 선조들의 희생이 있었다는 사실이다. 오직 교회, 오직 하나님 나라, 오직 전도가 그들의 신앙 모토(motto)였다. 인생신조이며, 신앙 좌우명이었다. 그래서 그들은 가난에서 헌금드리고, 자기를 돌보지 아니하고 교회에 봉사했다. 이것이 우리나라 교회 역사다.

스데반을 보라! 고난과 핍박, 그리고 열악한 환경에서 은혜로 충만하다(3, 5, 8절). 이 충만에서 자기 인생, 자기 환경, 자기 생활은 묻어간다. 이 충만에서 자유 행복이다. 이 충만에서 세상 일, 인생 일, 육신 일은 초월이다. 그에게는 오직 복음증거뿐이다.

요즘 교회의 모습은 다르다. 신앙생활의 모토가 다르다. 어떤 교회를 사람들이 좋아하는가? 호텔 같은 교회, 대형교회, 문화와 여유로 화려한 교회를 원한다. 이것은 속는 것이며, 잘못된 신앙이다. 기독교 의식이 결여된 타락한 신앙이다. '즐김' 좋아하지 말라!

스데반: 충만한 사람이다(8절)

그리스도인의 속성이 충만이다. 하나님의 영과 말씀이 가진 능력이 충만이다. 예수님이 가진 완전성과 충족성이 충만이다. 그리고 예배와 기도가 주는 특성이 충만이다. 과학에는 충만이 없다. 물질에는 충만이 없다. 세상에는 충만이 없다. 사랑에도, 결혼에도, 달성에도 충만이 없다는 사실이다. 여기서 솔로몬은 허무를 보았다. 이 세상은 가질수록, 높을수록, 이룰수록 갈증, 목마름, 부족이다. 그리고 허무하다. 다시 말하면 채워지지 않는다는 말씀이다.

'충만'은 물질계에 없다. 영적산물이다. 충만은 은혜에서 오는 것이다. 하나님 은혜, 즉 예수님이 인간의 충만이다.

스데반은 충만하다. 가득하게 차 있다는 말이다. 새 것으로 가득 채워짐, 낡은 부대에 새 포도주로 채워서 완성된 사람이다.

여기서 우리가 주의할 것이 있다. 세상에는 새 것이 없다. 세상 육신에 채워지는 것은 낡은 것, 썩은 것이다. 이런 것들은 사람과 영혼을 지저분하게, 추하게, 피곤하게 하는 것이다. 이것이 물질 세계, 선진인간의 현실이다.

피조물에서 인간은 영을 가진 존재다. 영적존재라는 말이다. 영은 하나님, 즉 예수님이다. 그리고 우리 시대의 영은 '말씀'이다. 성경이다. 여기에 진정한 '충만'이 있다는 것이다. 말씀을 가진 사람들은 QT하라! 기도하라! 여기서 충만으로 채워진다.

스데반: 당하지 못할 사람이다(10절)

스데반의 신앙은 다른 사람들을 압도했다. 당시 사람들의 신앙은 전통주의나 신비주의 신앙이었다. 그러나 스데반은 지적이며 이성적 신앙 논리를 가진 사람이다. 나아가 그는 영적권위와 구약 역사를 배경으로 하는 변론가였다. 그래서 당시 사람들이 스데반의 성령으로 하는 말을 당하지 못했다(10절). 그는 성경을 말했으며, 하나님 역사를 변론한 것이다.

30년 전, 제가 전도사 시절에 매일 교회에 철야하는 권사님들이 계셨다. 배우지 못하신 할머니 권사님들과 교제하면서 대학생들이 권사님과 신앙 즉 영적세계를 이야기하면서 당하지 못하는 것을 보았다. 권사님의 신앙은 지식이 아니라 인생으로 경험된 확신이며, 고난과 가난에서 연단된 신앙이어서 당하지 못한 것이다.

지금 스데반을 당하지 못하고 있다. 그가 하는 증거의 말은 영적이다. 하나님의 말씀이다. 거기에는 주저함이나 두려움이 없는 소망의 메시지임으로 사람들은 그를 당하지 못한 것이다.

우리 신앙은 어떤가? 세상에서 사람들에게 진정한 소망일 때 그들은 우리를 당하지 못할 것이다. 우리의 소망이 복음이 될 때 세상은 그 교회를 당하지 못할 것이다.

스데반: 천사의 얼굴이다(15절)

스데반에게서 자아 극복이 보인다. 그는 하나님으로 인생 극복, 세상 극복이다. 죄를 극복한 구원신앙, 천국신앙, 승리신앙에 선 사람이다. 그는 자아를 완전히 벗어나서 하나님 나라에 이른 거룩한 신앙이다. **"스데반을 주목하여 보니 그 얼굴이 천사의 얼굴 같더라"**(15절) 다 숨겨도 얼굴은 숨기지 못하는 것이 인간이다. 그 사람의 영혼, 미래, 구원 그리고 현재적 은혜 상태는 얼굴에서 나타난다. 이단과 거짓 신앙, 악한 영에 미혹된 신앙은 얼굴에서 어두움, 불안, 두려움에 사로잡힌 것을 볼 수 있다.

사람은 영적 상태, 즉 신앙을 속일 수 없다. '얼굴'에 나타난다. 진실한 신앙, 진정한 믿음에서 '천사의 얼굴'이다. 시중에서 보이는 신앙인의 얼굴을 보라! 교회 다니면서 나쁜 영에 사로잡혀서 귀신 얼굴, 마귀 얼굴, 짐승 얼굴을 하고 다니는 사람들을 흔히 보게 된다. 사람이 거짓 영에 미혹되면 화장발과 매너에 가려진 흉악한 얼굴을 본다.

사람을 주도하는 것이 영이다. 그 사람이 가진 모든 것은 얼굴에 나타난다. 특히 거짓 신앙과 사탄신앙은 바로 얼굴에 뜬다는 사실이다. '천사의 얼굴'은 하나님 얼굴이다. 구원의 얼굴, 의인의 얼굴이 행복한 사람이다.

사람이 회개하고, 말씀에 순종하며, 성령 충만하면 '천사의 얼굴'이 된다. 믿음의 사람은 얼굴에서 영광의 빛이 나는 것이다.

제3장
:
맞서기

우리는 사회에서 건강한 사람이 되어야 한다. 건강한 사고를 가져야 한다. 우리는 세상을 사는 천국인이다. 세상을 섬기고, 사회 공동체를 이루며, 사람들을 사랑하는 제자들이다. 우리는 이 세상을 하나님 나라로 건설하는 역군이다. 그러므로 우리는 이 세상을 목적으로 살지는 않는다. 부르심으로 살다가 떠나는 나그네이다.

십자가 없는 세속주의
(마19:16-26)

돈 세상이다

물질주의 세상이다. 돈이 만능, 돈이 전부인 세상이다. 세상이 돈화(化), 물질화(化)되어 버렸다. 세상 바탕이 돈이다.

본문에 나오는 부자청년도 재물을 희생하면서 영생구원은 원치 않았다(22절). 이 청년에게 성령의 부르심과 인도가 있으나 물질 문제로 근심하며 예수님을 떠나고 있다. 이렇게 돈 문제는 실제적으로 심각하다. 돈 세상이 되어서 어디서나 돈이 절대적이다.

돈이 최고의 가치이다. 돈 사람, 돈 부모다. 돈 세상이다. 돈이 아니면 사람도 아니다. 돈이 아니면 세상도 아니다. 심지어는 돈 하나님, 돈 교회다. 돈을 떠나서 하나님을, 돈을 떠나서 교회를 상상할 수 없다. 영생 예수보다 돈 예수다. 여기서 이런 사람에게 십자가 신앙은 근심일 뿐이다. 그래서 현실 교회는 십자가 없는 세속주의로 흐르는 것이다.

돈 권력이다

물질 노예다. 돈 노예다. 이 부자청년을 보면 생각은 영생인데 마음은 물질이다. 생각 따로, 마음 따로다. 생각은 예수님인데 그 마음은 언제나 물질이다. **"그 청년이 재물이 많음으로 근심하며 가니라"**(22절) 우리는 우리 안에 이중성을 발견해야 한다. 생각은 구원, 천국, 교회인데 마음은 세속이다. 즉 마음은 세상이고, 돈이다. 마음에 하나님이 없다. 이것이 우리의 큰 근심이다. 이것이 우리 교회의 근심이다. 이 부자청년 이야기는 우리 이야기이며, 교회 이야기다.

이 청년에게 십자가의 구원은 있을 수 없는 일이다. 십자가의 믿음은 받아들일 수 없다. 그래서 십자가 없는 신앙이다. 세속주의자다. 인생은 십자가에서 구원 승리다. 그러므로 기독교인은 십자가를 지고 산다. 좁은 길로 간다.

돈 이상 없다

최고의 가치가 우리의 본질이며 신앙의 색이다. **"살인 간음 도둑질 아니 하고 부모공경 이웃사랑 다 지킨 것"**(18, 19절)은 이 청년의 본질이 아니다. 부자청년의 본질은 재물이다(22절). 다시 말하면 청년의 본질은 돈이다. 예수님 아니다. 본질로 인하여 비본질인 예수님을 떠나간다. 이것이 세속주의 신앙이다. 그리고 우리.

시대의 영적 현상이다.

우리 시대를 보면 교회, 예배, 기도는 비본질이다. 본질은 세속적이다. 돈, 육신, 세상 그리고 번영이 본질이다. 인간은 본질을 따라가게 되어 있다. 우리 믿음은 본질인가, 비본질인가? 비본질을 극복해야 한다. 비본질 신앙은 거짓위선이다. 교회 다니고 예배드리면서 예수님이 아닌 돈을 따르는 세상교회다. 예수님 버리고 재물 따라가는 현대판 유다는 근심이다(22절).

재물에는 선행 없다(16, 17절)

이 부자청년에게 문제는 영적 무지다. **"내가 무슨 선한 일을 하여야 영생을 얻으리이까"**(16절)

사실 인간은 '전적 타락부패' 상태이다. 우리에게 구원에 이르는 선은 없다. 인간이 선행으로 하나님께 나아갈 수 있다. 그런데 진정한 선행은 없어서 실패이다. 모든 인간에게 하나님 앞에 나아가는 길은 '십자가' 보혈의 피로 말미암는다. 다른 길은 없다. 주 예수의 대속의 은혜로 영생이다. '선한 일'은 있는데 진정한 선, 온전한 선은 없다는 말씀이다.

우리가 부모나 사랑하는 사람에게 주는 선 역시 부족한 선이다. 우리가 예배나 신앙에서 하나님께 드리는 선 역시도 진정한 선이 아니다. 부족한 선이다. 미흡하다. 다시 말하면 순수하지 못한 비즈니스적이다. 세일즈맨의 선이다. 세상에 돌아다니는 선은 자기의 목적을 달성하기 위한 장사 선이다. 심지어 어린아이의 선도

이기적이다.

세상의 선, 인간의 선 자체가 타락한 것임을 알아야 한다. 우리가 가진 선 자체가 세속적이다. 그러므로 우리가 선한 사람이라는 생각은 매우 위험한 사고이다. 특히 하나님 앞에서 그렇다. 무슨 사랑, 헌신, 선행을 했다 하더라도 인간은 죄인일 뿐이다. 죄인이어야 예배자가 된다. 죄인의 하나님이다.

재물에는 믿음 없다(18, 19절)

세속주의 세상이다. 세속주의 교회다. 우리가 가진 신앙도 세속적이다. 세속이 추구하는 것은 '재물'이다.

본문의 부자청년을 보면 돈이 정상이다. 그에게 최고의 가치는 돈인 것을 발견한다. 돈을 위한 종교 신앙이다. 이것이 우리 시대의 흐름이다. 심지어 우리의 교회와 신앙, 그리고 예배 헌신도 돈을 위한 것이다. 그래서 교회와 예배가 세속화이다. 우리의 대상이 하나님이 아니다. 우리 신앙이 예수님이 아니다. 돈일 가능성이 높다. 우리 신앙에서 이런 부분이 발견되어야 한다.

부자청년의 신앙에서 드러나는 것은 신앙이 돈을 위한 수단이라는 것이다. 그래서 그는 믿음 실패이다. **"그 청년이 재물이 많음으로 근심하며 가니라"**(22절) 재물이 근심이다. 재물이 자기의 소유, 즉 자기 것이라고 생각하는 사람이다. 우리가 가진 모든 것은 하나님이 주신 것이며, 맡기신 것이다. 이런 청지기 신앙을 가져야 우리는 믿음으로 살 수가 있다.

'근심'은 우리의 믿음을 파괴하는 것이다. 은혜 생활을 막는다. 하나님이 우리를 입히시고 먹이신다. 우리는 일하고, 노력하고, 성실하게 믿음으로 살면 우리 인생을 하나님이 지키시고 보장하신다. 내가 내 인생을 지키지 못한다. 돈이 우리 인생을 보장하지 못한다. 우리는 다만 믿음을 가지고 십자가의 길을 갈 뿐이다. 돈이 있어도 세상은 십자가다. 십자가를 받아들여야 한다.

재물에는 사람 없다(20, 21절)

본문에 부자청년의 본질이 드러난다. 그의 신앙에는 사람이 아니고 재물이다. 사람을 위한 돈이 아니라 돈을 위한 사람이다. 대단히 잘못된 사람이다. 이 사람의 정신세계가 삭막하다. 생명이 아니라 물질이다. 이것이 세속주의 신앙이다.

예수님의 메시지는 사람이다. 생명이다. **"네 소유를 팔아 가난한 자에게 주라"**(21절) 사람을 위한 재물이다. 오직 돈은 사람을 위하여 사용되어야 선하다. 가난한 사람에게 구제로 쓰여져야 한다. 그러나 이 청년은 그럴 의도가 전혀 없다. 왜 그런가? 그에게는 돈이 가치이기 때문이다. 또한 이것이 세속주의다. 여기에 걸리면 종교와 신앙, 그리고 교회도 마찬가지다.

이것을 우리 기독교는 경계해야 한다. 세속신앙과 종교에서는 믿음을 기대할 수 없다. 믿음 없는 신앙과 종교에 머물게 된다.

이 부자청년은 근심신앙이다. 물질 근심을 거두어야 한다. 재물 근심으로 신앙이다. 돈 근심의 기도, 물질 근심 예배이다. 사람이

물질 근심을 풀지 아니하면 믿음에 이르기가 매우 어렵다는 사실
이다.

이런 무서운 세속주의에 빠지면 하나님의 교회도 요한복음 2장
16절의 타락한 교회가 되고 만다. 구원받은 하나님의 사람인 유다
와 아나니아처럼 타락한 믿음이 되는 것이다. 십자가의 믿음을 가
지고 세속주의를 극복하시기를 기도한다.

십자가 없는 신앙주의
(마18:1-10)

누가 크니이까(1절)

이것은 대단히 위험한 정신이다. 하나님 정신이 아니다. 기독교 사상도 아니다. 사람이 이런 위험한 정신에 빠지므로 사회는 혼란이다. 이런 정신에서 쿠데타 즉 혁명이 나온다. 무질서와 범죄, 그리고 투기와 도박이 나오는 것이다.

그리고 이런 위험한 정신에 빠지면 종교와 신앙도 영웅적 목적에 머문다는 것이다. 이것이 지금 현실세계에 나타난 종교와 신앙의 문제이다. 큰 종교, 대형교회, 성공신앙에서 예배와 기도이다. 그리고 자기 이기적 목적에 하나님을 이용하려 든다. 이것은 잘못된 신앙관이다. 이런 신앙은 십자가가 없다. 십자가와 거리가 멀다. 나아가 그리스도인이 될 수 없다. 종교인, 신앙생활에 머물 뿐 은혜로 들어가지 못한다. 진정한 평안, 참 자유를 경험할 수 없다. 왜 그런가 하면 이런 은혜는 십자가에서 오기 때문이다.

우리 그리스도인들은 은혜 생활을 해야 한다. 십자가를 짐, 십자가의 길을 가는 것이다. **"누가 크니이까"**를 극복하지 못하면 십자가의 은혜는 없다. 잘못된 신앙관을 바로 잡아서 십자가의 은혜로 나아가기를 바란다.

건강한 정신

우리는 사회에서 건강한 사람이 되어야 한다. 건강한 사고를 가져야 한다. 우리는 세상을 사는 천국인이다. 세상을 섬기고, 사회 공동체를 이루며, 사람들을 사랑하는 제자들이다. 우리는 이 세상을 하나님 나라로 건설하는 역군이다. 그러므로 우리는 이 세상을 목적으로 살지는 않는다. 부르심으로 살다가 떠나는 나그네이다. 우리의 본향은 천국이다.

본문에서 보는 이 사람은 지상천국을 추구하고 있다. 세상천국을 대망한다(1절). 사실 지상낙원은 없다. 그럼에도 인류 역사는 지상천국을 건설하고 있다. 지상낙원을 꿈꾸고 있다. 고귀한 인간이 이런 허상과 허구에 놀아난다는 것은 정말 안타까운 일이다. 당신의 진정한 천국(마음천국, 영원한 천국)은 십자가에서 이루어진다.

건전한 신앙

세상을 사는 건전한 신앙은 선교신앙이다. **"가서 제자 삼으라"**

"사마리아와 땅 끝까지 증인되라" 우리는 생명 사역자, 영혼을 살리는 사역자다. 본문에 제자들에게서 문제는 부르심, 소명의식이 없다는 점이다. **"누가 크니이까"** 인생 도박, 세상 도박을 비전한다. 세상 성공, 고위직을 추구한다. 이것은 제자들로서 건전한 신앙이 아니다.

제자들에게서 십자가가 보이지 않는다. 종말세상의 십자가는 '선교'이다. 이것이 우리가 감당할 십자가다. 우리가 이 세상 십자가, 사람 십자가, 인생 십자가, 가정 십자가를 감당하는 이유가 '선교' 때문이다. 한 사람의 생명이 천하보다 귀하므로 우리는 기꺼이 십자가를 진다. 십자가 신앙이 건전한 신앙이다. 십자가 신앙이 선교신앙이다. 당신은 십자가를 감당하는 신앙인가?

겸손의 십자가

"누가 크니이까" 겸손한 사람이 큰 사람이다. **"어린아이와 같이 자기를 낮추는 사람이 천국에서 큰 자니라"**(4절)

사실 예수님이 큰 사람이다. 하나님이시면서 사람으로 오심, 왕이시면서 종으로 사심, 하늘보좌를 버리시고 비천하게 되심, 예수님은 낮아지심의 표상이다. 결국 낮아지심의 완결이 십자가다.

예수님의 십자가는 아버지의 요구를 충족한 사건이며, 속죄의 어린양 즉 어린아이가 되신 십자가다. 아버지의 뜻과 아버지의 요구를 충족시킨 순수한 어린아이를 보이신 십자가다. 온전히 어린아이가 되심이다.

우리도 큰 사람이 되어야 한다. 어린아이다. 어린아이 같은 순수한 믿음, 여기서 천국이다(3절). 이런 큰 사람, 큰 믿음, 큰 은혜가 바로 천국이다. 이렇게 순수한 어린아이 교회가 천국이다. 이런 마음에서 인간 천국이다. 이런 어린아이 모임에서 지상천국이다. 다시 말하면 천국은 어린아이에게 천국, 십자가가 이 세상 천국이다. 겸손이 인간 천국이라는 말씀이다. 겸손 교회가 되자! 겸손한 사람이 되자! 그러면 광야 천국이다. 이 세상 천국이다. 이세상 십자가, 즉 겸손 외에 다른 천국은 없다.

섬김의 십자가

십자가가 큰 사람이다. 예수님의 십자가가 하나님이다. 십자가가 권세능력이다. 십자가가 큰 교회다. 십자가가 큰 믿음이다.

무슨 십자가인가? '섬김'이다. 섬김이 큰 교회다. 섬김이 하나님이다. 섬김이 그리스도다. 섬김이 메시아다. 예수님은 십자가에서 죄인을 섬기셨다. 정죄, 진노, 심판을 지신 십자가다. 이 십자가에서 의, 구원, 영화를 이루셨다. 십자가에서 율법을 이루셨다. 섬김으로 이루신 것이다.

우리는 어떻게 사역을 이루는가? 무엇으로 하나님의 뜻을 이루는가? 우리 인생은 어떻게 영광을 이루는가? '섬김'이다. 기도로 못 이룬다. 신앙과 의지로 못 이룬다. 성공출세로 이루지 못한다. 오직 '섬김'이다. 섬김 인생, 섬김 살이, 섬김 믿음, 섬김 사랑에서 인간 역사, 하나님 역사는 이루어진다는 사실이다. 십자가를 지나치지 말라! 십자가를 외면하지 말라! 십자가에서 교회다. 십자가에서 기독교다. 십자가에서 영화다. **"어린아이 하나를 영접하면 곧 나를 영접함이니"**(5절) 어린아이 영접 즉 섬김이 하나님 영접 곧 하나님 섬김이다. 가난하고 연약한 사람, 비천한 죄인 섬기는 것이 십자가이며 하나님께 영광이다.

배려의 십자가

구제적 배려가 아니다. 영혼사랑을 말한다. 한 영혼은 천하보다 귀하다. 구령의 열정, 전도가 우리의 십자가이면서 인류 역사의 큰 사람이다. 십자가가 큰 배려이다. 예수님의 십자가가 인류의 큰 배려이다. 이 이상의 배려는 없다. 민주화 배려, 선진국 배려, 물질 배려는 예수님 십자가 배려와는 비교할 수 없다. 십자가 배려는 영생 배려다. 영원한 생명 배려다. 하나님과 인간을 화해시키는 십자가 배려다. **"실족이 화(禍)다"**(6, 7절) 인간의 화는 '실족'이다. 지옥 실족, 심판 실족, 정죄 실족, 형벌 실족이다. 이 불행한 실족을 풀어주신 십자가, 실족을 대신 지신 십자가, 실족을 막아주신 십자가이다.

이것이 진정한 십자가의 복음이다. 우리도 큰 사람이 되어 십자가를 지고, 십자가를 감당해서 역사적인 교회가 되어야 한다.

우리 그리스도인은 십자가의 믿음, 십자가 신앙, 십자가 사랑을 가지고 한 영혼의 실족을 막는 거룩한 배려자가 되는 신실한 신앙의 구도자가 되기를 바란다.

유치한 신앙은 안 된다. 헛된 것을 추구하는 세속신앙이 아니다. 육신을 쫓는 물질신앙이 아니다. 생명 배려, 구원을 배려하는 십자가 신앙에 굳게 서야 한다.

십자가 없는 야망주의
(마20:20-28)

승리주의는 실패한다

기독교 승리와 세상 승리는 의미가 크게 다르다. 세상이 말하는 승리는 지배나 소유적 개념이다. 힘의 논리다. 그래서 크고, 강하고, 많은 것이 승리다. 그러나 기독교의 승리는 감당함이다. 자기에게 주어진 십자가를 감당하는 것이 승리다. 이것이 곧 교회이며, 믿음이다. 기독교의 승리는 십자가다. 예수님이 십자가를 감당하심으로 승리이며, 그를 믿고 따르는 모든 사람에게도 율법 승리, 정죄 승리, 사탄 승리, 심판 승리가 주어지는 것이다. 이제 우리가 세상에서 십자가를 지고, 십자가의 길을 가는 것은 구원 완성, 믿음 완성을 위한 것이다. 예수님이 이루신 십자가의 속죄와 구원을 우리가 완성하는 믿음이 십자가 감당이다. 나아가 교회는 민족의 십자가, 역사의 십자가를 감당함으로써 말세 하나님 나라를 완성해야 한다. 이것이 진정한 승리다.

우리 승리는 이 세상이 아니다. 마태복음 19장 28절을 착각하여 잘못 이해함으로 야고보와 요한의 어머니가 두 아들에게 고위직을 부탁하고 있다(21절). 고위직이 높다면 십자가도 높다. 고위직이 크다면 십자가도 크다는 것이다. 다시 말하면 은혜가 크면 십자가도 크다는 것이다. 믿음이 크면 십자가가 크다. 교회가 크면 십자가도 크다는 사실이다. 복이 크면 십자가도 크다. 이것을 우리는 알아야 한다. 십자가 없이 축복 은혜만 누리는 성도, 교회는 아닌가? 십자가는 감당하지 않고 이름만 기독교회는 아닌지 체크해야 한다. 그리스도인이, 하나님 백성들이 세상에서 고위직만 누리고 십자가는 감당하지 않는다면 심각한 타락이다.

성공주의는 실족한다

본문에 야망을 가진 전형적인 모성애를 가진 어머니가 나온다. 두 아들의 성공을 예수님께 구하고 있다(20절).

이 때 예수님의 메시지는 의외다. **"내 잔을 너희가 마실 수 있느냐"**(22절) 성공에는 '잔'이 있다. '잔'의 말씀은 다가오는 그의 시련과 십자가상의 죽으심을 의미하는 것이다. 예수님의 십자가는 정말 영광이다. 그런데 그 영광에 버금가는 대가 즉 비극, 비참한 고난이 있다. 이것이 '잔'이다. 이 잔을 받으심으로 아버지의 뜻을 이루고, 인류구속을 완성하신 것이다.

본문에 두 아들을 데리고 성공을 원하는 어머니에게 예수님의 지적은 무엇인가? 성공은 보면서 잔은 보지 못한다는 것이다.

이 성공주의에서 교회, 하나님 백성, 거룩한 믿음이 실족되고 있는 세상이다. 부르심의 은혜, 구원의 은혜에 십자가가 있다. 하나님 사랑과 특별 은혜에 '잔'이 있다는 사실이다. 왜 세상에서 하나님 교회가 빛을 잃는가? '잔' 때문이다. 잔이 없는 교회, 잔이 없는 목사, 잔이 없는 예배, 잔이 없는 축복만 난무한다. 잔이 없는 설교에 빠져 있다.

예수님이 메시아이심과 구원자이심을 확증하여 보여준 것이 십자가상이다. 십자가에서 **"다 이루었도다"**

기독교회는 십자가 교회다. 십자가 믿음이다. **"내 잔을 마실 수 있느냐"** 잔을 내려놓으면 화려한 교회일 뿐이다. 성공예배일 뿐이다. 생명 없는 교회이다. 구원 없는 예배이다. '잔'을 받으시기를 바란다.

야망주의는 실망한다

이 세상을 후회하며 실망하는 사람은 가진 자, 정복자, 권력자, 누린 사람이다. 야심을 실현한 만큼 실망이 따르는 것이다. 여기에 대표적인 사람이 성경의 솔로몬 왕이다. 그는 모든 것이 헛되다고 했다. '바람'으로 묘사했다. 한순간이라는 말이다. 스쳐 지나가는 바람이 세상이다. 인생이다. 잡히지 않고, 잡을 수도 없는 것이다. 그런데 우리는 바람을 잡으려고 목숨을 건다.

'모름'의 착각이다. **"너희가 구하는 것을 알지 못하도다"**(22절) 두 아들을 성공시키려는 야심을 가진 어머니에게 드리는 예수님의 일침이다. 이 착각은 영원한 착각인가? 지금도 세상은 이 착각에서 헤매고 있다. 이것이 우리들의 모습이다. 얼마나 한심하고 부끄러운지 모르겠다. 남의 이야기가 아닌, 이 책을 쓰고 있는 저의 자화상이며, 교회의 실상이다. 창피하다.

이 착각에 휩싸여서 하나님 백성이 거룩함을 잃는다. 진리가 빛바래고, 반석 위의 교회가 흔들리는 시대가 되었다. 엄연히 화창한 대낮인데도 황사나 스모그 현상으로 앞이 보이지 않는 기현상이 21세기의 새로운 재앙이다.

마찬가지로 '알지 못하고' 추구하고 대시하고 매달리는 현상이 인간사의 위기다. 심지어는 하나님의 사람들, 교회까지도 '알지 못하고' 축복, 부흥성장, 번영을 추구했다. 여기서 병들고 망가진 것이다. 역으로 보면 기도와 설교에서 병든다. 교회가 신선하여 사회에 비타민이 되어야 하는데 존경을 잃어 버렸다. 종교인, 신앙인을 저속하게 본다. 십자가를 회복해야 한다.

크게

교회가 크게 되는 것이 죄인가? 아니다. 저도 목회에서 교회를 크게 하려고 동탄 신도시로 가는 것이다. 교회가 부흥하고 성장하는 것이 당연하다는 말씀이다. 우리 기독교가 성장하고 크게 되어서 불교, 천주교와 경쟁해야 하며, 교회가 사회를 주도해야 한다.

하나님께서 이스라엘 백성과 히브리 민족, 그리고 사람을 세우시고 파송하실 때 **"큰 민족을 이루라" "정복하라"** 제자들에게도 **"땅 끝까지 복음을 전파하라"** 이것은 세계화이며 성장을 말한다. '크게' 되어야 한다.

문제는 건전함과 건강이다. 경건함이고 신실함이다. 우리가 추구하는 성장 발전은 선교적이다. 하나님 나라로 크게이다.

"너희 중에 누구든지 크고자 하는 자는 섬기는 자가 되고"(26절) 영적이면서 진리의 성장을 말한다. 복음이면서 증인으로 크게 되어야 한다. 반드시 교회와 그리스도인은 이 세상에서 크게 되어야 한다. 그런데 그 차원이 높다. 신령하다. 십자가이다. '섬김'이다. 이 세상과 사람을 섬기는 교회다. 우리가 섬김으로 살면 이 세상에서 크게 된다는 말씀이다. 우리는 이 진리를 터득해야 한다.

교회가 십자가 교회로 가야 한다. 바로 섬김의 교회를 말한다. 예수님은 십자가상에서 다 이루셨다. 다 정복하셨다.

'섬김'이 세상을 이기는 능력이다. 섬기는 사람으로 크게 되기를 바란다.

으뜸

김연아 선수는 세계 피겨의 으뜸이었다. 사람마다 자기 세계에서 제일이 되고, 정상에 서기를 바란다. 이것은 우리가 가질 기본 정신이다.

본문에 두 아들을 둔 어머니도 자기 자녀를 으뜸 되기를 바라는 신앙을 보이고 있다. 이것 역시 부모로서, 또는 어머니로서 자연스러운 바람이다. 전혀 문제될 것이 없다. 모든 사람들의 소원이 자식들이 으뜸 되기를 위해 기도하고, 투자를 한다. 마땅한 일이다. 문제는 으뜸이 되는 것이 기능과 능력이 아니고 '성품' 즉 그리스도의 성품에 있다는 말씀이다.

예수님의 성품은 무엇인가? '종'이다. **"누구든지 으뜸이 되고자 하는 자는 너희의 종이 되어야 하리라"**(27절) '으뜸'이 되는 진리의 역설은 '종'이 되는 것이다. 하나님이 종으로 오심, 주인이시면서 종으로 사심, 이것이 십자가다. 십자가의 믿음, 십자가의 신앙은 종이 되는 것이다. 교회가 세상에서 종이 됨으로써 으뜸이 되는 것이다. 우리가 세상에서 종이 되면 어디서나 주목받는 사람이 된다. 우리가 하나님 백성으로 사람들에게 종이 될 때 중심인물이 되는 것이다.

우리는 자녀의 성공출세를 이루기 위해서 기능에 얽매이지 말고 종의 성품을 갖도록 제자훈련을 해야 한다. 사람을 섬기는 종으로 양육해야 한다. 종의 성품이 없는 지도자, 섬기는 성품이 없는 뛰어난 인물, 종의 성품이 없는 교회, 다 문제다. 종의 성품 십자가다.

십자가 없는 열정주의
(마16:21-28)

깨닫지 못한 위대한 신앙고백

베드로의 신앙고백은 완전하다. 흠도, 티도 없는 위대한 고백이다. **"너희는 나를 누구라 하느냐"**(15절) **"시몬 베드로가 이르되 주는 그리스도시요 살아계신 하나님의 아들이시니이다"**(16절) 이것은 베드로의 완전한 신앙고백이다. 예수님이 만족하셨다. **"예수께서 이르시되 바요나 시몬아 네가 복이 있도다 이를 네게 알게 한 이는 혈육이 아니요 하늘에 계신 내 아버지시니라"**(17절) 과학지식으로 영의 세계를 정확하게 아는 것은 불가능하다. 사람 지식으로 예수님을 완전하게 알지 못한다. 인간은 하나님 계시로 안다. 보여주시는 만큼 보고, 알게 하신 만큼만 안다.

그렇다고 위대한 신앙고백이 믿음의 완성은 아니다. 믿음의 완성은 '십자가'이다. 이 십자가의 은혜를 깨달음으로 완전한 믿음에 이르는 것이다. 십자가는 이론이나 지식이 아니라 경험, 즉 체험이다. 베드로는 위대한 신앙고백에 머무는 영적 상태다. 그러므로 십자가의 예수님에게서 한계를 드러내고 있다. 이것이 21절이다. **"베드로가 예수를 붙들고 항변하여"**(22절) 십자가로 가시는 것을 이해 못하는 태도로 반기를 드는 행동이다. 십자가를 거부, 십자가를 이해 못한다. 이것이 신앙고백의 한계다. 십자가 없는 신앙이다. 십자가에서 믿음인데, 십자가가 걸린다. 그래서 주저하며, 십자가가 시험이다. 십자가를 받아들이라!

깨닫지 못한 위대한 반석교회

분명히 베드로는 완전한 교회가 되었다. **"너는 베드로라 내가 이 반석 위에 내 교회를 세우리니 음부의 권세가 이기지 못하리라"**(18절) 완전한 교회다. 반석 위의 교회다. **"음부의 권세가 이기지 못하리라"** 든든한 교회다. 그러면서 연약한 교회다. 실존적으로 완전한 교회이면서, 실제적으로는 어린아이 교회다. 약하다. 이것이 지상 교회이며, 인간 교회의 모습이다.

"주여 그리 마옵소서"(22절) 예수님의 십자가를 받아들이지 못한다. 그러므로 십자가를 막는다. 십자가를 원치 않는다. 속죄의 완성, 어린양의 완성 십자가, 영광의 십자가를 모르고, 십자가 배제이다. 이것이 또한 지상 교회, 인간 교회의 연약한 모습이다. 십자가를 깨닫지 못한 교회는 십자가를 배제한다. 이것이 우리나라 교회이며, 신앙이다.

예수님의 십자가를 깨닫지 못해서 배제하니 교회 십자가, 가정 십자가, 인생 십자가도 배제이다. 그러므로 십자가 없는 기독교회, 십자가 없는 예배, 십자가 없는 신앙이 되어 버렸다. 반석 위의 교회, 하나님 교회이면서 죄에 결박된 연약한 베드로 교회이다.

깨닫지 못한 위대한 천국열쇠

베드로는 구속을 이루고, 천국을 이룬 승리의 믿음이다. **"내가 천국 열쇠를 네게 주리니"**(19절) 이것은 천국을 열고 닫는 권세이다.

누구든지 복음을 받아들이고 응답하는 자에게 죄사함이 임하고 천국백성이 되는 복음의 특권을 행사하는 것이다. 그런데 베드로는 이 놀라운 특권, 즉 권세를 가졌으나 어린아이다. 연약하다. 어리석다. **"이 일이 결코 주께 미치지 아니하리이다"**(22절) 여기서 '이 일'은 무엇인가? 십자가 지심, 십자가 죽음이다. 십자가를 모르는 천국인이다. 십자가의 승리를 알지 못해서 '사람의 생각'으로 예수님의 영광의 십자가를 배제하고 있다. 바로 이것이 사탄의 역사다. 우리나라 교회와 그리스도인들이 십자가를 깨닫지 못해서 십자가를 거부하는 것이다. 이것이 사탄의 역사이다. **"사탄아 물러가라 너는 나를 넘어지게 하는 자로다"**(23절)

이 세상을 보라! 하나님의 교회가 있다. 하나님의 사람이 많다. 그리고 예배가 있다. 그럼에도 세상은 사탄이 지배하고 타락하여, 예배와 교회가 연약해져 무기력하게 무너지는 시대다. 원인은 십자가 배제이다. 사탄은 다 허용하면서 십자가를 배제한다.

여기에 베드로가 걸려든 것이다. 하나님의 사람이면서, 천국열쇠를 가진 권세자이면서 사탄에게 이용되어서 **"너는 나를 넘어지게 하는 자로다"**라고 책망을 받았다. 이것이 오늘의 교회와 구원받은 우리가 받는 책망이다.

십자가는 고백이 아니라 생활이다

십자가는 **"자기를 부인이다"**(24절) 십자가 지는 생활이다. 우리의 내면세계에 두 주인이 있다. 하나님과 사탄이다. 여기서 보통 사람은 사탄이 주도한다. 그래서 불신앙, 거짓 신앙, 위선 신앙에 빠진다. 위대한 믿음고백을 가진 베드로가 이런 자기 자아에 걸린 것이다. 타락한 육신 자아에 묶인 베드로다. 우리가 늘 영적 관리를 하지 아니하면 내 의도와 상관없이 십자가를 배제하게 되는 것이다. 우리는 '자기 부인(否認)'에 이른 신앙인가? 체크해야 한다. 자기 극복, 자기 생각 극복, 자기 지식을 극복해야 십자가를 질 수 있다.

이제 자기를 부인하고, 하나님의 말씀을 따르고 좇는 것이다. 자기 생각으로는 십자가를 질 수 없다. 그만큼 우리 생각은 육신적이다. 자기 이익과 편리에 이끌린다. 그런데 십자가는 고난, 죽음이다. 환란이다. 여기서 좋은 신앙, 인간신앙은 멈춘다. 십자가로 나아가지 못한다. 이것이 우리 시대의 신앙 한계다. 나아가 교회 한계다. 십자가 없는 무기력이다.

신앙생활을 보라! 우리는 주의 제자로 하나님 나라를 이루어야 한다. 하나님 나라를 이 땅에 임하게 하는 것이다. 이것은 십자가를 수반한다. 고통과 희생을 감수해야 이루어진다. 이렇게 보면 우리 신앙생활은 영적 전쟁이다. 우리는 영적 군인이다. 자기 생각, 자기 주장, 자기 이익은 없다. 오직 하나님 나라와 백성을 위하여 나아가는 십자군이다.

십자가는 지식이 아니라 행함이다

십자가는 **"목숨을 잃는 것이다"**(25절) 하나님 나라 원리와 생명 세계의 원리가 동일하다. '얻으면 잃음' '잃으면 얻음'이다(25, 26절).

이 원리는 현실세계에서도 사실이다. 얻고자 하면 다 잃는다. 얻고자 하면 천하를 얻는데, 문제는 자기 목숨을 잃는다는 것이다.

세상을 보면 꿈을 이루고, 물질을 이루고, 성공을 이루고, 천하를 이루고 거기서 자기 목숨은 죽는다. 믿음도 죽고, 영혼도 죽고, 그리고 훌륭한 이미지, 명예, 가문 다 죽는다. 이것이 유다이다. 다 얻고, 다 잃었다. 현대판 가룟유다는 지금도 여전히 세상에서 되풀이 되고 있다.

역대 성공주의자들, 왕들, 대통령들, 경제 권력을 잡은 사람들은 얼마나 훌륭한 사람들인가! 한 시대를 화려하게 장식한 인물들이다. 그들의 공을 인정하지 않을 수 없다. 그러면서 철저히 자기 침몰, 자기 영혼과 영원까지 잃는다. 이것이 지금 지구촌에 나타나는 현상이다. 김일성 국가, 후세인 국가, 무바라크 아사드의 비극이다. 다 무너진다. 자기 목숨도 이미 잃었다. 자기 가족, 가문, 국가, 국민 다 죽는다. 얻은 것 같지만 그 얻음에서 다 잃었다. 교회와 신앙세계도 마찬가지다. 교회도 부흥과 성장을 이루고 사회에 거대한 기독교를 얻으면서 교회 생명을 잃은 것 아닌가? 기독교의 거룩함, 신실함이 사라졌다. 우리의 영원한 진리는 "**누구든지 제 목숨을 구원하고자 하면 잃을 것이요 누구든지 나를 위하여 제 목숨을 잃으면 찾으리라**"(26절)이다.

십자가의 아름다움

(마26:6-13)

헌신이 아름답다

영화 같은 이야기다. 아름답지 않은 데서 아름답다. 아름다움이라고는 없는 때에 아름다움이 연출되고 있다.

십자가 이전의 예수님은 생애 마지막 주간에 예루살렘 동편 감람산 남쪽 능선에 위치한 베다니에서 마지막 밤들을 보내셨다. 이것을 본문에서는 '**문둥이 시몬의 집**'에서 일어난 일로 기록했다. 성육신 하실 때에 있을 곳이 없어서 말구유로 가셨는데, 아마도 지상 마지막을 보낼 만한 곳이 없어서 사람의 발길이 닿지 않는 문둥이가 사는 집에 계신 것으로 추측해 본다.

그런데 여기에 "**한 여인이 귀한 옥합을 가지고 와서 예수의 머리에 부으니**"(7절) 살벌한 분위기, 우울한 분위기다. 아마 이 세상에서 이런 분위기는 없을 것이다. 정말 무거운 분위기다. 무너지는 분위기에서 마리아는 천상의 분위기를 연출하고 있다. 영광의 분위기로 향기 진동하게 했다. 십자가가 가진 승리와 가치를 축제로 드러내는 진정한 헌신이다. 아름답다. 이렇게 아름다울 수가 있을까? 그 밤에 이 여인은 휘장 너머에 있는 십자가의 아름다운 하늘 축제를 보여주었다.

이것이 세상 기독교이며 교회이다. 승리 십자가, 영광 십자가, 부활 십자가를 보여주어야 한다.

당함이 아름답다

지금 마리아에게 닥친 십자가는 비난, 책망, 괴로움이다. 심지어는 제자들마저도 이 여인의 헌신을 모함한다. 왜 귀한 것을 가치 없이 허비하느냐는 악질적 비난을 쏟아내고 있다(8, 9절).

십자가만을 바라보는 인간들은 십자가와 교회, 믿음과 예배가 한심하게 보일 것이다. 십자가만을 보면 마리아의 귀한 헌신은 정말 어리석은 것이다. 인생 허비, 세월 허비, 물질 허비로 보인다. 그런데 부활에서 십자가와 고난을 보면 놀라운 마리아, 귀한 헌신의 마리아, 세상에서 가장 아름다운 희생이었다. 그가 당한 수모가 참 아름답다. 그녀가 받은 비난이 참 거룩하다. 그녀가 제자들에게 들은 책망이 그렇게 존귀하게 보일 수가 없다.

이것이 복음이며 기독교의 진리다. 세상에 십자가처럼 아름다운 것이 없다. 장식 십자가, 평화 십자가, 나눔 십자가, 나아가 세계의 국기를 보면 십자가로 만들어진 국기가 가장 많다. 가장 많이 쓰이는 이니셜이 십자가다. 가장 신선하고 순수한 단어가 십자가다.

무식한 인간들은 십자가를 거부한다. 고통 고난이 복인 것을 모르는 무지다. 우리가 당하는 괴로움이 아름다움이다.

십자가까지 함께 한 마리아

'너희가 다 나를 버리리라' 십자가의 길은 험한 길이다. 주님이 지신 십자가는 흉악한 강도나 범죄자가 지는 십자가다. 동정의 여지가 없는 수치의 십자가를 예수님이 우리를 위하여 지신 것이다. 여기에 누가 함께 하며 따를 수 있단 말인가? 믿음신앙을 가지고도 따라 갈 수 없는 십자가다. 믿음으로 간다면 베드로가 갔을 것이다. 사실 그의 믿음은 다른 사람들이 다 버려도 나는 죽을지언정 버리지 않겠다는 믿음이다. 여기서 나타난 베드로의 믿음을 의심하지 않는다. 베드로의 그 마음, 믿음이 사실이다.

문제는 인간의지 믿음으로 가지 못한다는 것이다. 인간은 믿음을 가져도 연약하다. 인간은 구원의 믿음을 가져도 실패한다. 인간은 진정한 믿음을 가져도 '부인'할 수 있다는 것이다. 왜 그런가? 믿음을 붙들고 계시는 분이 성령 하나님이시다. 우리 믿음을 우리가 붙들지 못한다. 내 믿음을 내가 지키지 못한다는 사실이다. 하나님이 지켜주셔야 지킨다. 이 사실을 베드로를 통해서 우리에게 보여주신 것이다. **"시몬아 시몬아 보라 사탄이 너희를 밀까부르듯 하려고 요구하였으나 그러나 내가 너를 위하여 네 믿음**

이 떨어지지 않기를 기도하였노니"(눅22:31, 32) 베드로와 제자들의 믿음을 붙들고 있는 것은 예수님의 기도였다는 사실이다.

구원의 믿음, 천국믿음 가지고 실패할 수 있다. 다시 말하면 구원받은 사람, 천국믿음을 가진 성도도 일시적으로 부인할 수 있다는 말씀이다. 교회와 목사도 예외가 아니다. 사탄에 휘둘려서 무너질 수 있다는 것이다. 이것이 지상교회의 연약한 현실이다.

그러나 본문에 나오는 귀한 여자는 순수한 믿음, 즉 어린아이 같은 믿음으로 십자가까지 동행했다. 아름다움이다.

죽음까지 함께 한 마리아

예수님의 죽음을 감지한 마리아다(4절). 예수님의 죽음의 의미와 가치를 깨달은 그녀다. 영광의 죽음, 승리의 죽음, 이루심의 죽음, 부활의 죽음인데, 그 죽음은 가장 비극적이다. 하나님의 아들이 십자가, 메시아가 십자가, 만왕의 왕이 십자가, 죄 없는 의인이 십자가에 달리심이다. 마리아는 이 죽음을 그냥 지나칠 수가 없었다. 영광의 죽음인데, 가장 비참한 죽음이다. 그래서 그녀는 이 죽음을 기념하는 가장 귀한 축제로 만든 주인공이다. **"한 여자가 매우 귀한 향유 옥합을 가지고 예수의 머리에 부으니"**(7절)

사람들이 마리아가 드리는 헌물이 보통사람이 할 수 없는 큰돈이었음을 발견하고 '분개하여' '허비하느냐'고 책망했다(8절).

"매우 귀한 향유 옥합"(7절) **"비싼 값에 팔아"**(9절) 이것은 예수님의 죽음의 의미가 크다는 것이다. 마리아는 이 죽음을 기념해야 하는 귀한 헌신을 표한 것이다. 그녀가 이 죽음을 만천하에 기념하여 드러내고자 하는 헌신이었다(11, 12절).

"너희가 어찌 이 여자를 괴롭게 하느냐 그가 내게 좋은 일을 하였느니라"(10절) 죽으심을 기념하는 헌신이다.

우리의 기념과 헌신은 무엇인가? 예수님의 죽으심을 기념하고 헌신하는 기독교다. 축복, 성장, 화려함이 아니다.

무덤까지 함께 한 마리아

마리아는 무덤까지 예수님과 함께 했다. 모든 것을 허비하고 비난과 책망을 받으면서 마지막까지 예수님을 따라갔다.

제자들이 예수님을 버리고 도망가고, 부인하고 돈 받고 팔아넘기고, 모른 체하고 외면하는 상황에서도 마리아는 로마 군인들이 지키는 살벌한 무덤에서 새벽에 발견되었다(28:1절).

이것이 신앙이며 믿음이다. 끝까지, 무덤까지 따라가는 것이다. 자기 흥에 젖어서 의미도 모르고 부르짖고 헌신하고 맹종하는 그런 유치한 신앙이 아니다. 자기 놀음에 빠져서 밤을 세고, 과잉 충성하며 죽도록 충성한다고 무식하게 떠들다가 지쳐서 이제는 열정은커녕 깊은 시험에 들어서 기도 맛, 예배 맛도 잃어버리고 감격이나 감동이 없이 차지도 덥지도 않는 신앙으로 패잔병들 같은 모습들이 우리나라 교회 실상인 듯하다. 안타깝다.

마리아를 보라! 인간 신앙, 세상 신앙, 보이는 신앙, 정치 신앙으로 철저하게 무너진 교회에서 **"십자가의 메시아"**에 서서 홀로 외로이 믿음을 지키면서 새벽에 무덤에 이르는 마리아는 정말 존귀한 그리스도인이다.

당신의 신앙은 무엇인가? 십자가와 무덤의 신앙이어야 한다. 이 신앙을 가진 성도만이 말세와 세속, 그리고 타락을 극복하면서 교회와 예배가 될 것이다.

제4장

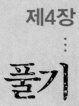

풀기

> 하나님의 피조세계는 균형이다. '작은 그릇, 큰 그릇' '귀
> 한 그릇, 천한 그릇'이 있다. 세상에는 큰 교회도 있고, 작
> 은 교회도 있어야 한다. 다 큰 교회면 안 된다. 작은 교회
> 가 더 필요하다. 귀한 사람도 필요하지만 천한 사람은 더
> 필요한 것이 세상이다. 그리고 여기에 좋은 열매가 맺는
> 것이다.

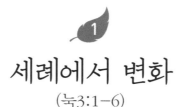

세례에서 변화
(눅3:1-6)

모든 사람은 아담 안에서 타락이다

　모든 인간은 전적으로 타락한 성품을 가지고 태어난다. 우리 자신이 타락한 성품을 가진 인간인 것을 인지하는 것이 중요하다.
　여기서 말하는 타락한 성품이라는 것은 '하나님을 의심'하는 것이다. 하나님 말씀을 의심하는 성질을 가지고 있다. 이런 의심을 극복 내지는 해소함으로써 거룩한 하나님의 사람으로 변화가 일어나는 것이다.

세례는 죽음이다

　세례는 물속에 들어가는 의식인데, 옛 사람의 죽음을 의미하는 것이다. 예수님의 십자가의 죽음은 인류의 모든 죄를 속죄하신 거룩한 죽음이다. 이 죽음을 우리에게 적용하는 의식이 바로 '세례'이다.

세례가 무엇인가? 옛 사람, 옛 성품, 육의 사람을 죽이는 것이다. 우리가 세례를 받는다는 것은 우리의 타락한 성품, 즉 육의 사람이 죽었다는 선언이다. 죽음이 세례이다.

사랑하는 형제자매 여러분! 우리가 어떻게 새 사람으로 변화되는가? 무엇으로 거룩한 백성이 되는가? 여기에 기독교의 놀라운 복음이 있다. 그것은 '죽음'이다. 옛 사람, 육신의 사람, 다시 말해 인간 자아가 죽을 때 우리가 그리스도인으로, 그리스도로 변화가 된다는 말씀이다. 내 자아가 죽어야 변화이다.

그럼에도 여전히 이 부분에서 비(非)복음으로 가는 현실 교회를 보게 된다. 그것은 고치려는 노력이다. 교육하고 훈련해서 발전은 있다. 성장도 가능하다. 그러나 진정한 변화는 죽음에서 온다는 사실이다.

사도 바울은 **"나는 날마다 죽노라"** 사람은 죽는 만큼 아름답다. 죽는 만큼 변화된다. 오늘 우리는 진정으로 세례를 받음으로 거룩한 백성이 되어야 한다. 당신은 그리스도와 함께 죽었는가? 당신은 십자가에서 죽었는가?

다시 4월이다. 온 나라가 아름다운 꽃들로 향기 진동하고 있다. 겨울 내내 죽은 것들이 봄에 꽃으로 피어나는 것이다.

그리스도의 죽음, 십자가의 죽으심이 거룩한 꽃으로 피어난 것이 교회요, 성도이다.

모든 사람은 아담 안에서 죄인이다

세례는 물속에 들어감(물 뿌림)을 통해 죄를 씻는 정결의식이다. 이것은 우리 인간을 죄에서 구원하시는 예수님의 십자가 죽으심을 상징하여 실제적으로 경험케 하는 예식이다. 그래서 교회는 정기적으로 세례의식을 베풀고 있다.

요한이 전하는 복음이 세례이다. **"세례를 전파하니"**(3절) 사실 인간에게 기쁜 소식의 복음은 세례이다. 십자가에서 예수님이 이루어주신 속죄의 복음을 우리가 세례를 통해서 믿음으로 받아들이는 것이 구원이다.

세례는 생명이다

자연인간의 생명은 죽은 것이다. 우리는 시한부 생명을 가지고 산다. 70년, 80년으로 끝나는 생명이다. 그러므로 세례의식을 통해서 그리스도의 생명, 영원한 생명을 얻는 것이다.

"나는 길이요 진리요 생명이니" 예수님은 우리에게 새 생명이다. 우리가 예수를 믿는 궁극적 목적이 여기에 있다. 죽은 사람에게 필요한 것은 생명이다. **"나를 믿는 자는 죽어도 살겠고"** 부활생명이다. 이 복음에서 우리 그리스도인들은 감사하고 소망하며, 주를 경외하며 기뻐하는 것이다. '새 생명'을 가짐으로 고난과 환란, 실패와 죽음에서도 실망하지 아니하고 소망하며 사는 것이다.

당신의 소망의 근거는 무엇인가? 잘 먹고 잘 사는 것은 죽음 앞에 유치다. 성공출세는 죽음 인생에서 사치다. 인간의 소망과제는 '새 생명'이다. 죽는 생명 가지고는 소망이 없다. 이것이 기독교만이 보는 비밀이다. 이 생명 비밀에 이르기를 바란다. 그러므로 바울 사도는 '나는 날마다 죽는다'고 말한 것이다. 이것은 바울의 탁월함의 고백 차원이 아니다. 그가 영원한 새 생명을 가진 것의 반증이다. 그는 '새 생명'을 가졌기에 날마다 죽는 사역, 죽음의 길을 간 것이다. 참 신실하지 않는가? 이보다 더 거룩한 것은 없다. 졸 신앙들은 선, 윤리, 착한 것을 가지고 의로운 척 하는데, 진짜 유치하다.

자기 살기 위해서 교회 잡고, 예수 팔고, 사람 버리고 하는 세태는 부끄럽다. 새 생명 가지고 죽는 인생을 살자! 밀알 되자!

우리는 이것을 알아야 한다. 모든 변화의 주체는 죽음이라는 사실을.

모든 사람은 아담 안에서 악인이다

인간은 근본적으로 악하다. 대부분의 선도 악에서 나오는 경우가 많다. 죄가 많은 사람일수록 선을 추구한다. 나쁜 짓을 한 사람들을 보면 베푸는 삶을 살려고 노력한다. 못난 사람일수록 잘난 척을 하듯이, 사람은 본질적으로 문제가 있다는 것이다.

세상과 종교가 이런 면에서 혼란하다. 의인도 아닌 것이 천사의 옷을 입고 의인인 척을 해서 사람들이 미혹되고, 사람은 착하고 좋은 일을 해도 악인이다. 경상도 사람이 전라도에 살아도 경상도 사람이듯이, 인간은 무슨 선을 해도 악인이다.

세례로 의인이다

인간은 다 죄인이다. 자체의인은 없는 것이다. 죄인인간이 의인이 되는 것은 그리스도와 연합에 의해서만 가능하다.

이것이 바로 세례의식이다. 물에 들어감, 또는 물 뿌림은 죄를 씻고 예수께 접목을 의미한다. 예수와 함께 함이 의인이다. 사람은 예수 안에 있을 때, 또는 예수가 우리 안에 있을 때 의인이다. 그러므로 자체의인은 없다는 말이다.

역사는 기독교회를 신성시하고 구별되게 보는 시각이 있다. 이것은 교회, 즉 건물이 신성하거나 의로워서가 아니다. 역사적으로 교회는 하나님의 집, 또는 예수 그리스도의 몸을 상징하기 때문에 교회를 구별되게 여긴 것이다.

여기서 위험한 것은 교회건물 자체를 신성시하는 것이다. 이것은 아니다. 하나님께 예배드리는 장소로서 중요할 뿐이다.

사람도 마찬가지다. 하나님의 영이 거하는 사람이 의인이다. 그리고 그가 교회다.

세례가 무엇인가? 요한의 세례가 보여주는 의미는 임박한 메시아의 오심을 받아들이는 준비이다(4절).

우리 그리스도인은 진정한 마음으로 세례를 받음으로 예수님께로 나아가고 그 분을 영접하는 예식이 필요하다.

우리는 세례가 하나님의 상징을 넘어서서 우리 마음과 생각에 세례가 필요하다. 당신의 마음은 세례를 받았는가? 더 나아가 당신의 생각은 세례를 받았는가? 마음과 생각이 우리의 중심이라면 우리는 자주자주 세례를 받을 필요가 있다.

　마음의 세례, 생각의 세례에서 죄인인간은 변화를 이루게 된다.

　이 시간에 당신 스스로 마음의 세례, 생각의 세례를 받으라! 아브라함의 변화, 다윗의 변화, 베드로 바울의 변화를 경험하게 될 것이다.

실생활로 열매
(눅3:7-14)

구원이 열매 아니다

요한은 사람들에게 그들의 믿음의 표시로서 열매를 맺어야 한다고 주장하였다. 본문에서 눈에 띄는 부분이 사람들에게 한 요한의 설교에서 **"독사의 자식들"**이라는 격한 것이었다(7절). 누가 독사의 자식들이란 말인가? 세례 받은 유대인을 지칭한 것이다. 세례 받고 구원 받은 유대인이 독사의 자식일 수 있다는 말이다. 우리도 구원 받은 하나님의 백성으로 이 세상을 독사의 자식으로 살 수 있다고 보는 것이다. 이단이나 거짓 영에 미혹된 사람 가운데 구원 받은 사람들이 있을 수 있다. 그러면서 미혹되어서 독사의 자식으로 살고 있는 것이다. 이것이 교회에, 또는 교회 안에 있다는 말씀이다.

죄사함과 회개, 그리고 세례로 열매 아니다. 이것으로 구원은 충분하다. 구원을 받은 성도들, 지도자와 교회들 가운데 독사의 자식이 되어 나쁜 열매를 맺는 경우가 있다. **"장차 올 진노를 피하**

라" 구원 받은 사람이 나쁜 열매로 진노를 받는 경우이다.

구원 받은 사람에게 진노가 없느냐? 있다. 이 부분을 우리는 분명히 알아야 한다. 내가 하나님의 사람이요, 하나님의 교회라도 독사의 자식이 되어 역사에 나쁜 열매가 될 수 있다는 것이다. 우리가 하나님의 교회이면서 진노를 받을 수 있다는 사실이다.

구성원으로 열매 아니다

우리가 기독교인이며, 정통 교회에 속한 성도이며, 정기적인 예배를 드리는 사람이라는 사실로 열매를 맺는 것은 아니다.

유대인들은 자신들이 이스라엘 백성이며 아브라함의 자손이라는 사실과 세례로 구원을 얻을 수 있다는 믿음을 가지고 나왔다. 이들에게 요한은 정확한 일침을 가했다. **"속으로 아브라함이 우리 조상이라 말하지 말라"**(8절) 하나님이 '돌'을 아브라함의 자손이 되게 하는 별것이 아닌 것이다. 무슨 말인가? 우리가 어느 정통교단에 가입된 것, 훌륭한 목사에게 세례 받은 것, 좋은 교회에 소속하여 다니는 것, 칼빈 신학을 가진 것이 중요한 것은 아니다. 이것이 열매가 아니다.

'속으로' 아브라함 요한 하는 강퍅한 마음, 완고하게 굳어 버린 마음을 경고하고 있다. 이런 세상조직이나 인간정치에 매달려서 **"좋은 열매를 맺지 아니하는 나무"**가 안타까운 교회 현실이며, 신앙세계다. 여기에 **"찍혀 불에 던지리라"**(9절)

우리가 예수 그리스도 안에서 자유해야 한다. 진정한 은혜 생활로 들어가기를 바란다. 좋은 교회, 훌륭한 지도자가 좋으나 그 것이 우리에게 열매는 아니라는 사실이다. 거기에 얽매여서 줄 서고, 상처받고, 시험 들고, 미워하고에서 이제 자유하며 사랑의 종, 은혜의 종, 복음의 종이 되시기를 바란다. 이것이 진정한 열매다. '종'의 열매를 아십니까?

일(사역)로 열매 아니다

사람들은 일에서 위로를 받는다. 자신의 존재감을 일에서 찾는다. 사역이라는 일에서 보람을 갖기도 한다. 그런데 이것은 대단히 위험한 발상이다. '정욕'일 가능성이 높다. 자기 놀음, 자기 흥, 자기 충족일 가능성이 높다는 것이다. 이런 사람들은 일이라는 업적으로, 또는 하나님께 영광이라는 미명 하에 사람들을 희생시키고 기독교의 건전성을 해치는 경우가 많다.

사실 기독교의 열매는 이런 일, 업적, 공로에서가 아니고 절제와 인내, 경건에서 온다고 본다.

일이나 사역에 나쁜 열매가 많다. 요주의다. 9절에 **"좋은 열매 맺지 아니하는 나무마다 찍혀 불에 던져지리라"** 삼가 조심해야 할 것이 나쁜 열매다. 우리가 하는 일이나 사역, 그리고 성공출세가 '나쁜 열매'일 가능성이 높다는 말이다. 이것이 세상 기독교회와 신앙사역의 함정이다. 하나님이 기뻐하는 일이니, 하나님의 뜻이라고 이룬 사역들의 열매가 바벨탑 즉 나쁜 열매인 것이 현실이다. 하나님의 일, 하나님께 영광이라고 한 것들의 열매가 소돔과 고모라가 아닌지 우리는 심각하게 분석해야 한다.

그러면 무엇이 좋은 열매인가? 좋은 열매로 가는 신앙은 어떤 것인가?

첫째는 관대함이다(10, 11절).

관대함에서 열매다. 보통 관대하다는 말은 용서, 친절, 이해적이다. 부드러움이나 예의로 사용되었다.

본문이 말씀하는 관대함은 온유나 긍휼에서 나오는 서로 나눔을 말하고 있다. 구제가 관대함이다. 불우한 이웃을 섬기는 사랑, 어려운 사람들과 고통을 나누는 희생이 관대함이다. 사마리아인이 관대한 사람이다. 우리는 다른 사람들에게 관대해야 한다. 교회는 사회에 관대할 때 좋은 열매를 맺는다. 교회가 크고, 형통하다고 해서 열매 아니다. 그리스도인이 사회에서 우수하고 뛰어나다고 해서 열매 아니다. 관대할 때 열매다. 나눔의 교회 외에 다른 방법이 없다.

둘째는 성실함이다(12, 13절).

"세리들이 와서 이르되 우리가 무엇을 하리이까" "이르시되 부과된 것 외에는 거두지 말라" 이것은 성실하라는 말씀이다.

세리들은 거둘 것보다 더 거둬들이고, 그들 자신을 위하여 그것을 착복하는 몰염치한 행동을 함으로써 악명이 높았다. 이것이 성실하지 못한 세리의 실례가 되었다. 기독교회는 성실한가? '그릇대로'가 성실이다. 하나님의 피조세계는 균형이다. '작은 그릇, 큰 그릇' '귀한 그릇, 천한 그릇'이 있다. 세상에는 큰 교회도 있고, 작은 교회도 있어야 한다. 다 큰 교회면 안 된다. 작은 교회가 더 필요하다. 귀한 사람도 필요하지만 천한 사람은 더 필요한 것이 세상이다. 작은 그릇은 작은 그릇일 때 성실하다. 천한 그릇이 천하게 쓰일 때 성실이다. 그리고 여기에 좋은 열매가 맺는 것이다. 그릇대로가 아름답다.

셋째는 만족함이다(14절).

우리 그리스도인은 군인이다. 영적군사다. 세상을 사탄에서 지키고, 악한 영 거짓 영에서 사람을 지키는 파수꾼, 즉 군인이다. 목사나 성도나 다 우리는 부르심을 받은 군인이다. 군인은 일반인과 달라야 한다. 그것은 '만족함'이다. 군인은 세상물욕이나 개인적인 사욕이 있어서는 안 된다. 그러면 좋은 열매를 맺지 못하기 때문이다.

"군인은 강탈하지 말며 받는 급료를 족한 줄로 알라 하니라" 좋은 군인은 만족이다. 세상에 노사분쟁이 없는 사람이 군인이다. 데모가 없는 곳이 군인이다. 어려운 대로, 부족한 대로, 열악한 대로 만족이 군인이다. 사실 이것이 기독교회다. 진정한 그리스도인이다. 그런데 현실은 교회, 즉 믿음의 사람들이 난리다. 다른 사람보다 더 목마르다. 세상 배설물에 더 목을 맨다. 이런 사람에게는 좋은 열매를 기대할 수 없다. 우리는 안정하고 만족해야 한다.

죄사함에서 풀림
(눅3:1-6)

진노인간이다

아담의 후손은 저주 가운데 있다. 그러므로 이 세상 모든 인간
은 다 정죄 가운데 살아간다. 그 저주가 현상적으로 나타나지 않
는 것 같지만 모든 가정과 개인사를 보면 정죄가 있다는 것을 알
게 된다. 이 세상을 사는 어떤 사람도 정죄에서 예외는 없다. 다시
말하면 죗값을 치르는 것이다. 환란 고통이 있다는 말씀이다.

문제는 죄사함을 받았느냐 하는 것이다. 죄사함에서 정죄가 풀
리는 것이다. 이것이 우리가 예수를 믿는 근본 목적이다. 예수님
을 믿으면 하나님의 진노가 풀리는 것이다. 이것이 복음이며, 기
독교가 전하는 은혜이다. 우리가 예수를 믿음으로 죄사함을 받고
모든 저주, 즉 정죄에서 놓이게 된다는 말씀이다.

결박인간이다

자연인간은 보이지 않는 세력, 즉 귀신이나 마귀 그리고 악한 영에 결박되어 있는 것이다.

바울 사도가 자신이 사탄에게 결박되어 있다는 사실을 발견했다. 그가 사탄에게 결박되었으므로 **"원하는 선을 행하지 않고 도리어 원치 아니하는 악을 행하도다"**라고 고백한다. 사람은 이렇게 나쁜 영에 묶여서 끌려간다는 것이다. 자신이 원하는 것은 선인데, 도리어 악을 행하는 것은 그 사람이 악한 영에 결박되었다는 것이다.

이런 무서운 결박에서 풀리게 하는 것이 '죄사함'이다. 사람이 죄사함을 받으면 단순히 죄에서 놓이는 것뿐만 아니라 은혜의 자유를 누리게 되는 것이다. 교회 다니고 예배드리면서 악한 영에 결박되어 범죄하는 사람 많다. 죄사함을 받아야 풀린다.

멍에인간이다

인간은 대부분이 노예적이다. 소가 멍에에 이끌려서 산다. 보통사람들이 이런 상태이다. 자기 자신은 자유하며 마음대로 결정하고 선택한다고 하지만, 사실은 멍에에 이끌려서 사는 것을 보게 된다. 모든 인간은 뭔가에 예속 내지는 속박되어서 살아간다는 것이다. 어떤 사람은 정치에 속박, 어떤 사람은 돈의 노예, 어떤 사람은 지식에 예속되어서 노예로 산다는 말씀이다. 죄의 노예, 고역, 율법에 속박되어 있다.

어떻게 인간이 이런 속박, 즉 멍에에서 자유하여 왕 노릇하는가? '죄사함'이다. 사람이 죄 용서를 받으면 참 자유인이 된다. 은혜를 누리게 된다. 이것이 진정한 그리스도인이다. 여기서 인간은 아름답고 행복하게 되는 것이다.

예수님이 죄사함이다

세례 요한이 예수님을 정확하게 발견하였다. 그가 예수님에게서 복음을 보았다. 예수님이 세상에 오셔서 말구유에 누인 아기예수를 목자들과 동방박사들이 **"큰 기쁨의 좋은 소식 그리스도 주시라"**(2:10, 11절) 구주를 발견하였듯이 세례 요한이 광야에서 예수님이 '죄사함'을 위해 오신 그리스도를 선포한 것이다(3절).

우리나라 교회와 성도들은 예수님을 발견했는가? 이 부분이 우리 시대의 안타까움이다. 우리가 예수님을 믿어야 하는 근본 이유가 '죄사함'이다. 예수님만이 인류의 죄를 담당하신 유일하신 분이다. 이것만이 진정한 복음이다. 이것이 기독교의 선포이다.

만약에 죄사함을 받지 못한 신앙인이라면 그 사람은 정죄 가운데 사는 것이다. 착하고, 선하고, 잘 살아도 저주 가운데 있다. 인간은 죄사함을 받지 아니하면 멸망 길로 가는 것이다.

멸망뿐만 아니라 과정도 불행하다. 일평생을 죄에 눌려서 산다. 두려움 가운데 산다는 사실이다. 이것이 우리 시대의 영적 현상이다. 누구든지 예수를 영접하지 않으면 두려움에 사로잡혀서 사는 것이다. 이 무서운 두려움의 결박을 푸는 것이 '죄사함'이다.

인간은 두려움이 있는 한 불행하다. 예수 믿고 그 안에서 살 때 가난하거나 고난에서도 평안 가운데 든든히 서 가는 것이다.

십자가가 죄사함이다

십자가의 죄사함을 상징적으로 보여주는 것이 출애굽이다. 재앙이 임할 때 문설주에 어린양의 피를 보고 넘어갔다. 구원을 받은 것이다. 피가 아니면 멸망이다. 이것이 십자가에서 어린양이 되신 예수님이다. 그 피로 구원이다. 이 피로 속죄이다.

기독교는 십자가의 종교다. 십자가의 피, 즉 속죄가 없이는 저주에 이른다. 죄사함에서 인간은 풀린다. 윤리와 선이 구원이 될 수 없다. 윤리와 선으로 인간은 하나님을 충족시키지 못한다. 그럼에도 불구하고 거짓 종교나 이단들은 윤리와 선을 내세워서 미혹한다.

우리 기독교가 윤리와 선을 무시하는 것이 아니다. 믿음의 사람과 은혜의 사람은 윤리와 선으로 사람들을 섬기고 봉사해야 한다. 다만 윤리와 선이 구원이 되지는 못한다는 것이다. 인간은 십자가의 은혜로 영적세계가 풀린다는 말씀이다. 이것이 기독교회의 외침이다.

죄사함이 은혜다

부모의 은혜는 양육이다. 사랑의 양육을 인간은 잊지 못한다. 그 사랑이 우리를 오늘에 이르게 한 것이다. 그러므로 효해야 한다.

하나님의 사랑은 속죄이다. 죄사함 즉 용서다. 우리는 하나님에게서 죄사함을 받아야 평안하다. 사람이 죄에 머무르면 불안하다. 마음이 편치가 않다. 무슨 문제가 없는 데도 두렵다. 이 불안과 두려움을 풀기 위해서 술, 마약, 취미생활, 여행, 예술, 스포츠에 전념한다. 여기서 어느 정도 불안과 두려움을 해소하기도 한다. 그러나 일시적이다. 이것이 죄인의 특징이다. 그런데 죄인인 우리가 죄사함을 받으면 희열이 온다. 자신감이 생긴다. 거룩해지며 충만해진다. 이것이 기독교가 말하는 하나님 은혜다.

사실은 죄사함에서 모든 것이 풀린다는 것이다. 영혼이 잘됨같이 범사에 형통하다. 영혼이 풀려야 한다. 영적으로 풀려서 사람은 범사가 잘되는 것이다. 많은 사람들이 영적으로 풀리지 않는 것을 보게 된다. 이런 사람은 은혜 생활이 안 된다.

그러면 사람이 영혼이 잘되고 영적으로 풀린다는 의미는 무엇인가? 빛이 임함이다. 그리스도가 임함이다. 성령이 임하는 상태다. 여기서 사람들은 자유한다. 부요의식, 풍요의식이 온다. 만일 영적으로 풀리지 않으면 사람은 갈급하다는 것이다. 여기에 세상 사람들이 걸려서 '갈급함'에 헤매는 것이다. 이런 사람은 불행하다. 은혜 없이 사는 사람은 갈급하다. 갈급에는 행복이 없다.

인간을 행복하게 하는 것이 하나님 은혜다.

회개에서 열림
(눅3:1-6)

　　회개는 기독교에서 대단히 중요한 관문이다. 회개에서 은혜의 세계가 열린다. 인간은 회개라는 것을 거쳐서 구원, 하나님 나라이다. 회개에서 축복이 열린다. 회개를 통과해서 의롭게이다. 회개해야 영의 세계가 열린다.

　　그러면 회개란 무엇인가? 하나님께로부터 떠나 있던 사람이 되돌아오는 것을 말한다. 생각을 고친다는 의미를 내포하고 있다. 즉 메시아에 대한 그릇된 관념을 고치고 그를 진정으로 받아들이는 것을 뜻한다. '유대인의 회개'(행2:36, 37)와 다메섹에서 '바울의 회개'(롬9:1-9)가 좋은 모본이다. 회개는 단순한 죄에 대한 슬픔이나 고백만은 아니다. 그것은 회개의 원인이나 결과일 수는 있으나 회개 자체는 아니며, 회개는 그보다 더 근본적인 마음의 결정을 포함한다.

　　회개는 복음의 주제이다. 이 회개는 세례 요한의 주제였고, 가르침과 선포의 제자들의 주제였다.

구약에서는 율법과 희생 제물의 법대로 죄를 고백하고 제물을 바쳤다. 그러나 복음적인 회개란 죄로부터 돌아와서 하나님에게로 돌아가는 것을 말한다. 이것은 단순히 악에서부터 떠나는 것만이 아니라 그리스도 안에 생명을 얻는 것을 말한다. 다시 말해 구원에 이르게 하는 회개를 말하는 것이다.

그러나 참된 회개란 하나님 아버지께서 우리에게 허락해주신 특권이다. 사람들이 복음의 메시지를 들을 때 성령은 그들의 죄를 깨닫게 해주시며, 그 결과로 회개에 대한 강한 소원이 개인에게 나타나게 된다. 요나는 니느웨 사람들에게 회개하기를 설교했고, 그 결과 니느웨 사람들은 회개하고 하나님께로 돌아왔다.

이렇게 회개가 인간을 은혜 세계로 진입케 하는 관문인 것을 알 수 있다. 우리 죄인이 하나님께로 나아가는 길이 회개다. 모든 사람은 회개에서 복음과 은혜가 열린다는 사실이다. 회개에서 초대 교회가 열렸다. 회개에서 바울의 로마 선교가 열렸다. 다윗이 나단 선지자 앞에서 회개할 때 축복이 열린 것을 알게 된다.

반면에 회개하지 않으면 영적생활을 하면서 육체에 거한다. 회개하지 않는 사람은 하나님의 일을 하면서 사탄의 지배 하에 있다는 것이다. 두려운 이야기다. 회개하지 않는 사람은 사울 식이 되고 만다. 가룟유다 식이 되고 만다. 이런 식은 권능을 받고 능력을 행하고 위대한 사역자라 하더라도 결과는 정욕이며 부끄러움이다. 이것이 자체 인간사의 한계다.

회개에서 충만함이 열린다

충만함이란 양을 채워서 완성하는 의미이다. 새 것으로 보충하여 낡은 것을 온전하게 하는 것이다. 다시 말해 그리스도로 채워진 상태를 말한다. 성령으로, 말씀으로, 은혜와 진리로 충만함이다. 여기서 사람들은 온전해지고 행복하다.

자연인간은 죄인이다. 죄의 지배를 받는다. 그래서 항상 불안하다. 두려움이다. 이런 사람에게는 세상살이가 재미가 없다. 억지인생, 강제인생이다. 노예로 산다. 끌려다니며 산다. 이 부분이 교회와 예배 즉 신앙생활에까지 미친다. 신앙의 기쁨, 행복이 없다. 의무에 끌려서 나올 뿐이다. 교회는 이런 사람들을 충만함에 이르게 해야 한다. 그것이 회개이다.

회개해야 충만함이 열린다. 요한이 회개하라고 전파하고 있다 (3절). 이 회개가 있어서 진정한 그리스도인이다. 회개하지 아니한 사람은 은혜에 입문이 안 된다. 은혜를 받아도 일시적이며, 그 은혜가 지속되지 못한다. 그래서 회개하지 않는 사람의 특징이 '갈급함'이다. 안정이 안 된다. 나름대로 진리를 찾아 헤맨다. 방황이다. 이런 사람들이 나쁜 영에 미혹되는 경우가 흔하다.

죄인인 사람이 진정으로 회개하면 은혜 아래 거하게 된다. 고난과 환란에서 안정을 하고 모든 것을 인내로 극복하는 아름다운 신앙을 보이게 되는 것이다. 이것이 회개를 통해서 열린다는 사실이다. 회개해야 그리스도가 임한다. 회개해야 빛이 임한다.

회개에서 경건함이 열린다

최고의 영성이 경건이다. 나는 경건을 영적 안정으로 보고 싶다. 사람은 영적 안정이 필요하다. 여러분들의 주변에서 영적으로 안정에 이른 그리스도인을 보았는지? 이런 사람이 말세를 이긴다. 영적 혼란과 무질서에서 승리한다. 왜 그런가 하면 바로 경건이 능력이기 때문이다. 모든 신학이 지금 시대를 말세로 규정한다. 질서가 무너지고, 상식이 왜곡되고, 이단과 거짓 종교가 성행하여 미혹하고, 사랑이 식고, 이렇게 말세의 특징은 '왜곡'이다. 악이 형통하고, 거짓이 승리한다는 말씀이다. 따라서 진리와 진실은 왜소해지고 인기가 없어진다는 것이다. 이것이 말세 현상이다.

이런 험악한 세상에서 믿음으로 살고 교회가 되는 것은 경건이다. 하나님 말씀과 하나님 나라에 초지일관하는 경건이 없이는 세속을 극복할 수 없다는 것이다.

그러면 어떻게 경건에 이르는가? 회개이다. 사람은 회개해야 경건으로 나아간다. 회개가 없는 사람은 경건이 없다. 경건이 없는 사람은 영적 능력이 없는 사람이다. 이런 사람은 사탄의 역사와 거짓 영의 미혹에 무방비 상태다. 당신의 죄를 고백하고 금식하라! 그리고 용서의 믿음을 가져라! 용서 받은 사람이 의인이다. 용서 받은 사람이 하나님의 사람이다.

용서의 신앙, 용서의 경건, 이것이 말세를 이기는 능력이다. 용서 받음을 실감하는 사람은 남을 용서하게 된다. 이것이 경건이다.

회개에서 자유함이 열린다

본디 인간은 복잡하다. 아담의 후손은 복잡하다. 율법 하의 인간은 복잡하다. 하나님의 룰이 복잡하고. 신앙도 복잡하다. 구원도 복잡하고, 영적생활이 복잡하다. 그래서 대부분의 사람들이 실패한다. 노아, 아브라함, 야곱, 모세, 다윗 등등이 다 실패자다. 하나님의 언약의 은혜가 아니면 이들은 무너진 인생이다. 회복불능의 사람들이다. 한마디로 복잡한 사람들이다.

메시아 시대가 도래한 신약의 사람들에게는 오직 믿음으로 자유이다. 예수님이 십자가에서 율법의 멍에, 정죄의 심판, 우리 인간의 모든 결박을 푸셨다. 그러므로 우리 인간은 예수 믿음으로 자유함에 이른 것이다.

이 구속의 자유함을 누리는 사람의 상태는 '왕 노릇'이다. 십자가 없는 인간은 죄의 종으로 복잡하다. 그러나 예수 안에 그리스도인들은 모든 것들로부터 자유하는 왕이 되는 것이다.

사람이 진정으로 회개하면 종에서 왕으로 신분이 상승하는 것이다. 우리 인간이 믿음으로 왕이 되는데 필수요건은 하나이다. 그것이 바로 회개이다. 불행하고 복잡한 인간이 하나님 은혜와 성령의 역사로 할 수 있는 것이 회개이다. 당신은 하나님 은혜를 받았는가? 당신은 성령의 역사를 경험했는가? 회개이다. 회개 이상의 은혜는 없다. 복잡한 신앙 아니다. 복잡한 구원 아니다. 복잡한 축복이 아니다. 회개로 다 통하는 것이다. 회개면 충분하다.

제5장
· · · · ·
세우기

"

이 세상에 사람처럼 아름다운 것은 없다. 사람의 아름다움은 강퍅한 인간의 마음을 녹이며, 눈물이 흐르게 한다. 세상의 아름다운 것들은 우리를 기쁘게 한다. 어머니의 아름다운 자화상은 인간을 변화시키기에 충분하다. 여자의 아름다움은 어머니다. 세상을 위로하며 감동시키는 어머니가 여자이다.

"

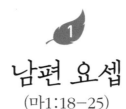

남편 요셉
(마1:18-25)

의인 남편 요셉이다

요셉이 대단히 멋있는 남편인 것을 보게 된다. 처녀인 약혼자 마리아가 임신했다(18절). 이것은 남자로서 감당하기 어려운 심각한 충격이다. 이것은 그냥 넘어갈 수 없는 문제다. 유대인의 결혼 풍습은 부모들이 보고 결정을 한다. 이렇게 부모들이 일단 결혼을 결정하면 당사자들은 이미 결혼한 사이로 간주되어 남편과 아내로 부르곤 했다. 그리고 약혼기간 1년은 서로의 집에서 기다린다. 만일 신부가 이 기간에 임신하게 되면 그녀는 부정한 성 행위에 연루된 불결한 여인이 되어 결혼이 무효화될 수도 있었다.

"마리아가 잉태된 것이 나타났던 때"는 요셉과는 아무 접촉도 없는 때의 마리아 임신이다. 이 세상은 별일이 다 있는 세상이다. 그런데 세상에 이런 일은 없다. '처녀가 임신' 이것은 일어날 수 없는 일이다. 이런 일은 지금까지 한 번도 일어난 적이 없다. 그런데 이 일이 요셉의 아내 마리아에게서 일어난 것이다.

　남편 요셉은 이 사건 앞에서 의인이다. **"그를 드러내지 않고 가만히"**(19절) 멋진 남편이다. 이 사건은 남편으로서 이해할 수 없는 일이다. 바로 이 점이 하나님 세계이며, 영적세계다. 신앙세계와 교회세계에 지금도 여전히 이해할 수 없는 사건들이 벌어지고 있다. 여기서 보통사람들은 시험들고, 침체되고, 떠벌리고, 판단해서 역사를 그르치는 것이다. 그러나 남편 요셉은 기다린다. 침묵한다. 자신을 안정시키면서 조용히 묵상한다. 우리는 도저히 받아들일 수 없는 사건에서 경건한 의인이 되어야 영적생활과 교회생활, 나아가 인생승리를 이루게 된다는 사실이다.

　우리는 세상에서 일어나는 모든 시시비비를 가리면서 살 수는 없다. 윤리로 가리고, 법으로 가리다가는 인생의 배는 파선하게 된다. 그런 면에서 요셉은 훌륭한 남편이다. 아내 마리아에게서 일어난 일의 시비를 가리지 않고 **"그를 드러내지 않고 가만히"** 이런 경건 인격을 우리는 배워야 한다. 큰 사건, 큰 문제는 함부로 떠벌리고 판단하다가는 하나님 역사를 그르치게 된다.

요셉은 위기를 품음

　마리아에게 일어난 일은 인간이 판단할 수 없는 것이다. **"마리아가 요셉과 약혼하고 동거하기 전에 성령으로 잉태된 것이 나타났더니"**(18절) '성령으로 잉태' 하나님의 역사, 그 분의 일하심, 한 처녀 여성에게 나타난 성령의 역사는 그야말로 위기다. 처녀를 파괴, 인생을 파산케 하는 위기다. 이것은 돌에 맞아 죽어야 하는 일이다. 인간들에게 저주를 받아 성 밖으로 버려지는 일이다. 그런데 이 일이 성령의 역사로 마리아에게 일어난 것이다.

이 엄청난 성령의 역사를 누가 이해한단 말인가? 생각해보라! 그녀에게 보내는 인간들의 냉소, 율법의 정죄, 수군거리는 교인들, 부끄러워하는 부모들, 숨어버린 형제들. 이것이 '성령으로 잉태'한 마리아의 위기다. 여기서 그녀는 모든 것을 다 잃었다. 끝장이다. 이제 그녀는 어떤 희망도, 꿈도 사라진 인생이다.

마리아의 위기에서 치명타를 맞은 사람이 약혼자 요셉이다. '성령의 잉태'가 주는 상실감과 배신감, 그리고 아내 마리아에 대한 실망감은 요셉에게는 또 다른 위기다. 우리는 요셉이 아내에게 나타난 이 위기를 어떻게 대처하는지를 배워야 한다.

세상은 언제나 위기가 있다. 인생은 언제나 위기 게임이다. 축구나 야구를 보면 그 경기의 관전 포인트는 위기에서 프로 선수의 면모다. 진정한 프로 선수는 위기를 풀어가는 능력이다.

요셉은 프로 남편이다. 아내의 위기, 자기 인생의 위기, 즉 영적 위기를 프로 선수답게 풀어가고 있다. **"그 남편 요셉은 의로운 사람이라"**(19절) 자기 인생에게 닥친 이 무서운 위기를 의롭게 풀어간 것이다. **"드러내지 않고 가만히"** 위기의 아내와 성령의 잉태를 조용하게 품은 것이다. 조용히 품음, 이것이 의로운 사람이다. 우리 인생의 위기도 조용히 품는다면 기적을 볼 것이다.

118

요셉은 상황을 받음

마리아의 처녀로 '성령의 잉태'는 그 인생, 그 몸으로 하나님 역사를 받은 것이다. 구약성경에 예언을 몸으로 받음, 그녀는 몸으로 하나님의 뜻을 받음, 연약한 몸으로 메시아를 받음이다.

아내 마리아가 받는 거룩한 파음, 영음, 휠음의 하나님 메시지는 남편 요셉에게 주어지고 있다. 세례 요한에게 메시아의 오심의 파동이 임한 것처럼 마리아에게 임한 메시아의 파음은 요셉에게 주어졌다. **"주의 사자가 이르되 다윗 자손 요셉아 네 아내 마리아 데려오기를 무서워하지 말라 그에게 잉태된 자는 성령으로 된 것이라"**(20절)

하나님 역사의 엄청난 상황을 이제 마리아를 통해서 요셉이 받아야 한다. '네 아내 데려오기를 무서워 말라'는 말씀은 아내를 받아들이라는 것이다. 남편으로서 아내에게 임한 이 엄청난 상황을 받아들이라는 말씀이다. '받아들임'에서 의인이다. 받아들임에서 믿음이다. 받아들임에서 사랑이다. 받아들이면 하나님 뜻이 이루어진다. 받아들이면 인류구원이 이루어지는 것이다.

요셉은 아내를 받아들인다. 그러므로 요셉은 메시아의 오심에 길이 되었다.

우리도 받아들여야 한다. 일제 식민지를 받아들이고, 5.18을 받아들이고, 역사의 십자가, 인생 십자가를 받아들여야 한다. 받아들이지 아니하면 악순환이다. 역류현상이다. 신앙의 십자가도 받아들이자!

요셉은 역사에 순응

우리 인간 역사에 하나님의 뜻이 있다. 하나님의 계획하심이 있다. 세상사는 다 섭리가 있다. 다시 말하면 역사는 하나님의 톱니바퀴에 의해 돌아간다는 사실이다. 그냥 역사 아니다. 그냥 인생아니다. 하나님의 필요, 즉 하나님의 소명과 쓰임이 있는 것이다. 여기에 우리가 순응할 때 돋보이는 인생 역사가 펼쳐진다는 말씀이다. 우리는 하나님의 뜻과 소명, 그리고 쓰심을 몸으로 수락해야 한다. 이것이 남편 요셉의 아름다운 영성이다.

"요셉이 주의 사자의 분부대로 행하여 그 아내를 데려 왔으나"(24절) 하나님의 일하심에 자기 인생으로 수락한다. 그래서 요셉은 메시아 예수의 육신의 아버지가 되었다. 영광이다.

우리 인생 역사를 순응하며 살자. 우리 믿음도 하나님의 부르심에 수락하며 살 때 돋보인다. 만일 수용하고 수락하지 아니하면 다시스로 가는 요나이며, 세속에 탕진하는 탕자 인생이다.

많은 사람들이 하나님 세계에서 왜 불행하고 초라한 인생이 되는가? 역행하기 때문이다. 쓰심에 순응할 때 인생은 요셉이며, 아름답다. 당신은 순응인생인가, 아니면 역행하는 인생인가?

아내 이세벨
(왕상21:23-26)

인간의 배경이 아내다

동물의 세계는 철저하게 모계사회다. 인간 세계는 남성 위주 사회이다. 남성 선호사상이 지금도 강하다. 법적으로 남녀평등을 외치지만 사회구조는 여전히 남성 우대인 것을 보게 된다. 이것은 정치적으로도 잘 드러난다. 국민의 60%가 여성인데 선거를 해보면 남자들이 절대 우위를 점한다. 이것은 여성들도 남성 위주의 사고를 가졌다는 것이다.

지금 우리 사회를 보면 누구의 자녀이냐가 중요하다. 아버지가 누구냐, 즉 남성의 계열로 흐르고 있다. 남편의 성을 쓰고 있다. 이렇게 보면 여성인 아내는 아무것도 아닌 사람처럼 되어 있다. 그런데 실제로 인간의 배경이 되고, 브랜드가 되는 것은 여성인 엄마이며 어머니인 것이 사실이다. 엄마의 자궁에서 잉태, 엄마의 품에서 양육이다. 그리고 여자의 조력으로 성장한다. 다시 말하면 인간은 철저하게 여자의 작품인 것이다. 모든 인간은 어머니인 여자의 영(靈)을 받는다. 여자의 영은 무섭다.

사회의 배경이 아내다

세계 모든 국가는 남성들이 절대 지배를 하고 있는 사회구조다. 21세기에 와서 선진의식과 사회민주화를 실현하면서 여성들이 사회참여를 하여 최고지도자와 리더로 활약하고 있지만 남자에 비하면 이것은 아주 미미한 수준에 있다.

그럼에도 사회배경을 보면 여자인 것을 발견한다. 사회를 리더하고 지배하는 사람은 남성인데, 그 지배자와 리더를 움직이는 사람은 아내라는 사실이다. 이렇게 보면 남자는 누구든지 여자의 치마폭을 벗어나지 못한다는 것이다. 아내의 핸들링에 의하여 남자는 철저히 움직인다는 말이다. 이것이 역사적 사실이다. 그래서 나는 사회의 배경이 여자라고 보는 것이다.

성경을 보면 왕들이 나온다. 그런데 그 왕들이 세워지는 배경에 아버지는 배제다. 항상 '어머니'의 이름이 나온다. 어떤 왕이냐는 여자인 어머니의 영이 주도하는 것으로 볼 수 있다. 실패한 왕, 성공한 왕의 배경이 어머니, 즉 여자이다.

남편의 배경이 아내다

남자는 어머니의 영향권에서 성장하여 결혼에 이른다. 그러므로 남자는 어머니의 절대 영향권 하에 있게 된다. 그리고 다음에는 결혼을 통해서 아내의 영향권 하에 살게 된다. 이것이 성경적이다. 아이들은 어머니의 인도로 교회 다닌다. 그리고 남편들은 아내의 인도로 교회 나간다. 여기서 중요한 것은 어떤 영을 가진 아내이냐이다. 왜냐하면 아내의 영에 절대 영향을 받기 때문이다.

남자에게 있어서 어머니의 영이 강하고, 다음에는 남자에게는 아내의 영이 절대적이다. 그래서 남편의 배경이 아내라는 것이다. '아내가 귀여우면 처갓집 말뚝 보고도 절한다'는 말이 있듯이 남편은 아내의 손에 있다는 것이다.

구약시대에 아합은 군주제도의 절대 권력을 가진 왕이다. 그가 이스라엘의 왕이 되어 22년을 다스렸다. 성경은 그를 악한 왕으로 평가하고 있다. **"아합이 그의 이전에 모든 사람보다 여호와 보시기에 악을 더욱 행하여"**(왕상16:30)

정욕적 아내 이세벨

아합이 악행하는 왕이 된 배경에는 아내 이세벨이 있었다. **"아합과 같이 그 자신을 팔아 여호와 앞에서 악을 행한 자가 없음은 그를 그 아내 이세벨이 충동하였음이라"**(25절) 아내가 원인을 제공했다는 말씀이다. **"그를 그 아내 이세벨이 충동하였음이라"** 여기서 아내가 남편을 충동했다는 것은 부추겼다는 것이다. 이것이 세상 남자들의 한계다. 아내의 부추김은 무서운 권력이다.

모든 남편들은 아내를 충족시키려는 의지가 강하다. 아내가 원하고 바라는 것을 이루어 주려는 의지가 강한 것이 남편들이다.

아합 왕이 아내 이세벨의 충동을 받아서 나봇의 포도원을 빼앗는 어이없는 범죄 양상과 같이 지금 우리 시대에 남편들이 세상에 나가서 우수한 인물임에도 불구하고 돈 몇 푼에 이상한 범죄자가 되어서 일평생 이룬 명예를 순식간에 날려버리는 것은 아내의 육적 욕망, 세상 욕망에 충동된 것으로 보인다. 국회 청문회를 보면 이 부분이 드러난다. 아내들의 욕망에 걸린 것이다.

우리 아내들이 욕망에 지배된 것을 알아야 한다. "여보, 나는 가난해도 좋으니 깨끗하게 사회생활 하세요" 하는 아내의 남편은 범죄하지 않는다는 사실이다. 그리스도인 아내들이여, 세상 욕망의 충동을 멈추시기를 바란다.

사욕적 아내 이세벨

적어도 아합 왕은 지도자로서 자격을 갖춘 우수한 인격의 소유자였을 것이다. 그런 그가 형편없이 망가진 것은 '아내의 충동'이었다. 이세벨이 나쁜 의도를 가진 아내는 아니었을 것이다. 그럼에도 아합 왕이 아내 이세벨에게 충동된 것은 그녀의 이기심, 즉 자기 개인의 이익을 추구하는 태도에서 남편이 무너진 것으로 보인다.

남편은 이스라엘 나라의 왕이며, 자신은 위대한 국모(國母)인 왕비이면서 자신의 사욕을 버리지 못한 이세벨은 여기서 왕가의 뿌리까지 무너뜨리는 비극이 되어 버렸다. 자기 이익을 추구하지 않아도 충분한 사람이면서 사욕(私慾)은 결국 왕가의 패망이었다.

이것이 또한 우리 시대의 비극 현상이다. 이 세상에서 성공하고 출세한 사람들에게 우리는 경의를 표해야 한다. 존경해야 한다. 그런데 이런 인물들이 지탄을 받는 것은 사욕이다. 이런 사람들은 가난해도 아름답고, 뒤처져도 존경스럽다. 그런데도 사욕에 빠져서 망신을 당하는 세상을 보면 정말 안타깝다. 이것이 지도자들, 종교에 심하게 드러난 현상이어서 세상은 지금 크게 실망하는 현실이다. 사욕은 무서운 것이다. 특히 아내의 사욕은 무섭다.

탐욕적 아내 이세벨

왜 위대한 사람이 악한 왕이 되었는가? 아내 때문이다. 아내의 충동이다. 대통령보다 영부인, 지도자보다 사모님, 남편보다 아내가 사실 더 중요하다. 아내의 동조와 협조 없이는 남편이 사회에서 선한 일꾼이 되기 어렵다는 것이다. 아내들의 동의, 즉 돈이나 개인을 위하지 말고 당신은 국가를 위해서 최선을 다하라는 아내의 동의가 없이는 남편의 성공출세가 개인 이익을 위한 것이 되고 만다.

지나치게 탐하는 욕심이 위대한 지도자를 무너뜨리는 것은 어제 오늘의 일이 아니다. 이것은 역사의 악순환이다. 아내의 탐심은 남편을 사회적으로 추하게 망가뜨리는 것이다. 여성들이여! 나는 탐욕이 있다, 부자가 되어야 한다면 부자가 되는 것도 좋다. 부자되는 것이 결코 나쁜 것이 아니다. 다만 부자가 되려면 공직을 맡지 않는 것이 좋다. 공무원이나 공직자 또는 목사나 사회사업가는 피하는 것이 지혜다. 지금 우리 사회가 이런 부분에서 부끄러움이 많이 나타나고 있다.

왕의 아내인 이세벨은 공익에서 자기 탐욕을 추구하는 악행을 보인 것이다. 공익과 사익을 분별하시기를 바란다.

아버지 고넬료
(행10:1-8)

고넬료는 사람을 존중하는 아버지다

고넬료는 로마 군대의 지휘관이다. 당시 식민지인 이스라엘에 파송된 장교 군인이다. 일반적으로 이런 군인들은 무서운 사람들이며, 대국의 힘을 가진 대단한 권력의 사람이다. 여기서 역사를 보면 많은 사람들이 당하고 희생되었다. 일제 강점기에 우리나라를 다스린 일본 순사들이 얼마나 무서웠는지 우리 조상들은 지금도 치를 떨고 있다. 그들은 무서운 폭군이었다.

고넬료는 막강한 힘을 가진 로마 군대 장교로서 따뜻함과 부드러움을 느끼게 한다. 그에게는 사랑이 있고, 사람을 존중하는 긍휼함이 보인다. 다시 말하면 그에게서 진정한 '아버지'의 성품을 보게 된다. **"네 기도와 구제가 하나님 앞에 상달되어"**(4절) 연약하고 두려움을 가진 사람들을 존중하여 가슴으로 품어주는 모습이다. 그들에게 마음을 주고, 따뜻한 위로의 손길을 보내는 고넬료다. 어렵고 힘든 인생을 사는 많은 사람들이 따르고, 놀아주고, 인격적으로 대우해주는 좋은 아버지다.

고넬료는 하나님을 경외하는 아버지다

당시 세계가 로마로 통할 때이다. 세계 정상의 국가이며 최정상의 로마 군대에서 고넬료는 장교다. 이런 사람이 **"하나님을 경외하며"**(2절) 산다는 것은 정말 귀한 사람이다. '하나님 경외'는 주권자이신 하나님의 권위와 거룩함에 피조물인 인간이 공경하는 마음에서 두려움을 의미한다. 약소국에서 빈민들과 연약한 사람들 앞에서 로마 부대 장교가 하나님께 자신을 낮추고 섬기는 태도는 흔히 볼 수 없는 일이다. 얼마나 아름다운 사람인가?

고넬료는 영적인 사람이다. 어디서나 하나님을 섬기고, 항상 기도하는 사람이다. 이것은 영적생활을 넘어서 영적 사람인 것이다. 우리가 시중에서 흔히 접하는 사람들은 영적생활을 하는 사람들이다. 사실 '영적인 사람'은 보기가 어렵다. 영적 아버지가 그립다. 당신은 영적생활을 하는 사람인가, 아니면 영적 사람인가? 당신이 영적 아버지가 되시기를 기도한다.

고넬료는 사람 아버지다

그는 사람의 지도자다. 사람을 사랑하는 지도자다. 사람을 섬기는 아버지, 사람을 사랑하는 아버지다. 고넬료는 군인 이전에 아버지다. 권력을 가진 아버지, 능력을 갖춘 아버지다. 그는 무늬만 아버지, 존재 흔적만 가진 아버지가 아니다. **"백성을 많이 구제하고"**(2절) 세상에는 권력의 아버지, 사업의 아버지, 돈 아버지, 일 아버지가 많다. 사람 아버지가 되어야 한다.

지금 역사는 자연과 동식물 세계가 멸종 위기에 있다. 이것은 인류생존의 존폐 위기여서 긴장하고 있다.

이에 더 심각한 문제는 '아버지 멸종' 세상이다. 나는 여기서 가정의 아버지를 논하고 싶지는 않다. 왜 그런가 하면 이것은 너무나 당연한 것이다. 재론이 필요 없다. 굳이 설교에서 아버지를 말하는 것은 가정의 아버지가 아니다. 그리스도인 즉 하나님의 사람은 세상 아버지, 사회의 아버지가 되어야 한다. 이것이 고넬료다. **"백성의 아버지"**(2절) 한 가정의 아버지로만 살 수 없다.

고넬료는 이웃 아버지다

아버지 부재 세상이다. 어린이 시설이나 학교를 보면 거의 반 정도가 결손가정이라고 한다. 이것은 사회문제이며, 심각한 세상을 예고하는 것이다. 이것을 방치하면 그 사회는 범죄와 막가파 세상이 되고 만다는 점이다.

고넬료는 이웃의 아버지가 되었다. 그 나라에서 군인의 사명도 중요하지만 더 중요한 것은 그들에게 아버지가 되는 것이었다. 이것이 본문 배경이다.

말세 교회의 사명은 이웃 공동체 교회이다. 이웃의 아버지가 되는 교회여야 한다. 고넬료는 우리가 배울 선교사이며, 교회다. 그는 군인으로서 이웃에 아버지였다. **"백성을 많이 구제하고"**(2절) 구제 교회, 구제 믿음이 종말론적 신앙이며, 선교적 삶이다. 구제만이 하나님이 기뻐하는 교회이며, 구제가 땅 끝까지 증인되는 선교이다(4절). 말세에 교회 존재감을 다른 것으로는 보여줄 수 없다.

고넬료는 국가 아버지다

아버지는 세상을 멀리 보아야 한다. 우물 안 개구리 식의 아버지를 벗어나야 한다. 지나치게 가정적인 아버지는 반기독교적인 아버지다. 내 자식, 내 가정에 충성하는 것은 짐승과의 아버지다. 이것이 우리 사회의 아버지 문제다. 이런 아버지가 대통령이 되고, 성공출세를 한다면 세상사회는 소외되고 피해의식에 시민의식을 잃어버리는 것이다. 지도자들이, 기득권층이 자기 가정과 자식만을 위한다면 그 사회는 붕괴되는 것이다. 누구를 위한 지도자인가? 누구를 위한 교회인가? 여기서 우리는 회개해야 한다. 자기를 희생하지 않는 지도자, 자기 희생이 없는 교회는 국민이 외면할 것이다.

"하나님의 사자가 고넬료를 부른다 그가 주목하여 이르되 무슨 일이니이까" "천사가 이르되 네 기도와 구제가 하나님 앞에 상달되어 기억하신 바가 되었으니"(3, 4절) 하나님께 상달된 것은 구제, 즉 희생이다. 하나님이 고넬료에게서 기억하신 것은 희생이다. 국가와 국민을 위하여 희생하는 것을 하나님은 기억하신다. 그리고 희생기도가 상달된다는 사실이다.

고넬료는 하나님 아버지다

고넬료는 하나님이다. 예수님이 하나님이심을 보여주는 것이 '섬김'이었다. 그가 죄인을 섬기러 오신 하나님이셨다.

고넬료는 이스라엘에 파송된 로마 군인이었으나, 그는 이스라엘에서 하나님 아버지였다. 그는 하나님 아버지의 성품을 가진 군인이다. 이 세상을 보면 하나님 교회, 하나님 사람이 많다. 문제는 상징적일 뿐이다. 하나님 아버지의 마음을 가진 교회가 아쉽다. 분명히 **"하나님 사자" "하나님이 보낸 천사"**이다(3, 4절). 이것이 교회이며, 지도자, 그리스도인이다. 이들은 분명히 하나님이 보내신 '사자' '천사'인 것이다. 문제는 하나님 아버지의 마음이 없는 것이다.

우리 그리스도인들은 세상에서 사람들에게 하나님 아버지가 되어야 한다. 교회는 이 세상에서 하나님 아버지가 되어야 한다.

고넬료는 이스라엘 사람이 아니다. 유대인도 아니다. 그는 로마 사람이다. 그런데 고넬료는 가이사랴에서 하나님 아버지로 살았다. 어떻게 하나님 아버지인가? 사랑이다. 사랑이 하나님이다. 사랑이 아버지다.

사랑이면 하나님 교회다. 사랑이 아니면 하나님 교회가 아니다.

어머니 한나
(삼상1:12-18)

여자는 어머니가 되어야 한다

우리나라 역사에 어머니는 강하셨다. 어머니는 위대하셨다. 역사에 휘몰아치는 거센 풍파를 연약한 인생으로 막아내신 분이 어머니다. 모진 가난에서도 기가 막힌 모성애를 발휘하셔서 자식들을 품고 새 아침의 불을 지핀 위대한 어머니다. 굴곡진 운명의 짐을 지고 외로이 가정을 지킨 어머니다. 그래서 모든 사람은 어머니에게 머리를 숙인다. 어머니만 떠올리면 숙연해진다.

여자는 이렇게 위대한 어머니가 되어야 한다. 이것이 창조원리이며, 하나님의 섭리다. 위대한 역사, 위대한 인물, 위대한 신앙에는 반드시 위대한 어머니를 기반하고 있다. 어머니가 흔들리고 이탈하는 이것이 역사의 위기다. 어머니만 견고하시면 가난 역사, 정치 역사, 전쟁 역사, 어떤 타락문화도 문제없다. 어머니로 이길 수 있다. 어머니로 이 무서운 재난을 막을 수 있다는 말이다.

여기서 나는 목사로서 우려를 말한다. 왜 이 위대한 어머니들이 하나님 일을 한다며 목사가 되는지, 나는 이것을 심히 우려한다. 하나님 일보다, 세상 일보다 어머니다. 어머니가 무너지면 세상 역사, 인간 역사는 붕괴이다. 여기서 기독교 역사도 위기다.

여자의 가치는 어머니다

여성 상위시대다. 여성 우대시대다. 그래서 여성들이 적극적으로 사회참여를 한다. 모든 분야에 여성들이 활약을 한다. 이것은 시대 흐름이며, 선진문화로 이해가 되며 받아들인다. 여성 차별은 안 된다. 그들을 존중해야 한다.

문제는 여성의 가치는 사회적 기능이 아니라는 것이다. 여성은 어머니로서의 가치 이상은 없다. 이것이 성경적 논리이다.

하나님은 사회균형을 위하여 여자와 남자에게 은사를 주셨다. 여자에게는 섬기는 은사, 남자에게는 다스리는 은사로 볼 수 있다. 여기서 나타난 현상은 여자에게는 '권위'를 주시지 않은 것을 보게 된다. 그러므로 다스리는 일은 남자 몫으로 보는 것이다.

나는 목사로 여성을 비하할 생각은 없다. 여성의 위대한 가치를 논할 뿐이다. 여성의 섬김은 다스리는 권위를 가진 남자를 지배하는 것이다. 예수님의 섬김이 죄와 사탄, 그리고 인간을 정복하였다. 이 세상 인간의 최고의 권세는 '섬김'이다. 결국은 섬기는 여성이 권위의 남자를 지배하는 것이 지금 역사다.

여자는 어머니로 아름답다

"하나님이 보시기에 좋았더라" 인간은 아름다워야 한다. 더군다나 여자는 아름다워야 한다. 아름다움의 정상이 어머니라는 것이다. 어머니로서의 여자는 아름다움의 극치다. 어머니의 아름다움은 절대적이다. 가난하고 추하고 허름해도 어머니의 아름다움은 영원하다. 그 향기는 그리움으로 영원히 우리의 가슴에서 맴돈다. 이것이 우리 어머니다.

모든 예술이 추구하는 것이 아름다움이다. 예술가에게서 모든 것은 아름답게 연출되고 만들어진다. 심지어는 비극이나 어떤 실패도 아름답게 만들어진다. 사실 이 세상에 사람처럼 아름다운 것은 없다. 사람 이상의 아름다운 것은 존재하지 않는다. 사람의 아름다움은 강퍅한 인간의 마음을 녹이며 눈물이 흐르게 한다. 세상의 아름다운 것들은 우리를 기쁘게 한다. 거기에 우리 인간을 변화시키는 능력은 없다. 어머니의 아름다운 자화상은 인간을 변화시키기에 충분하다. 이것이 어머니다.

여자의 아름다움은 어머니다. 세상을 위로하며 감동시키는 어머니가 여자이다.

어머니의 예배생활

한나는 진정한 예배를 드리는 믿음의 어머니이다. 그녀의 예배는 그 깊이와 의미가 남다르다. 순수한 예배자다. **"만군의 여호와**

께 예배하며"(3절) 한나는 하나님을 예배한다. 예배에 어떤 조건이나 내용이 없이 오직 하나님을 예배하는 어머니다. 하나님 되심, 하나님이심을 예배할 뿐이다. 세상사의 하나님 아니다. 인간사의 하나님도 아니다. 하나님 존재, 하나님의 위대하심을 예배하는 것이다. 한나의 하나님은 굴곡지다. 하나님은 한나 인생에 도움이 되지 않는다. 비협조의 하나님, 상처를 주시는 하나님, 피해를 입히시는 하나님이시다.

"**한나에게는 자식이 없더라**"(2절) 어머니에게 자식이 있을 수도 있고, 없을 수도 있다. 문제는 하나님이 한나에게 자식이 없도록 하신 것이다. "**여호와께서 그에게 임신하지 못하게 하시니**"(5, 6절) 있게도 하시고, 없게도 하시는 것이 하나님의 주권이다. 이것은 순전히 하나님의 권한이다. 우리 인간이 있다 없다를 가지고 하나님을 판단하거나 평가해서는 안 된다. 있다와 없다를 떠나서 한나는 하나님을 경외하여 예배를 드린 것이다. 당신의 예배 차원은 어떤가? 예배에 서 있는 어머니가 축복이다.

어머니의 기도생활

"**그가 여호와 앞에 오래 기도하는 동안에**"(12절) 한나의 기도는 능력의 기도이다. 자기 감정과 기분을 초월하는 기도다. 자기 고통과 사람의 멸시를 품고 기도한다. "**브닌나가 그를 심히 격분하게 하여**" 아이를 가진 여자가 갖지 못한 한나를 무시하는데, 이것은 무서운 격분이다. "**한나의 마음이 괴로워서**"(10절) 이 괴로움은 여자로서 감당하기 어려운 것이다. 그러나 한나는 괴로운 마음에서도 여호와께 기도하고 있다(10절). 나는 여기서 위대한 어머니를 보는 것이다. 이런 기도하는 어머니가 있는 가정, 교회, 역사는 승리하는 것이다. 뭐가 좋아서, 잘 되어서, 풀려서 하는 기도는 평범한 것이다.

어머니는 기도해야 한다. 감정과 격분, 그리고 마음의 괴로움을 다스리고 하나님께 나아가 기도하는 어머니는 존경스럽다. 위대하다.

어머니의 은혜 생활

어머니는 언제나 은혜롭다. 세상이 삭막하고, 인간사가 혼란스러워도 어머니는 변함이 없다. 항상 은혜이다.

"나는 마음이 슬픈 여자라"(15절) **"나의 원통함과 격분됨이 많기 때문이니이다"**(16절) **"한나여 어찌하여 울며"**(8절)

한나 인생은 불행하다. 한 여자로서 불쌍하다. 연약한 여자에게 닥친 고통과 슬픔이 너무 가혹하다. 그녀가 흘리는 눈물이 초라할 뿐이다. 이런 기구한 인생을 사는 한나가 엘리 제사장의 말씀에 은혜를 받는다. **"평안히 가라 하나님이 네가 기도하여 구한 것을 허락하시기를 원하노라"**(17절) 이제 그녀는 은혜 생활로 들어간다. **"평안히 가라"**는 말씀대로 평안으로 들어간 것이다.

당신은 은혜 생활로 들어갔는가? 그것은 평안이다. 평안하면 다 이긴다. 평안하면 승리한다. 평안하면 형통이다.

"가서 먹고 얼굴에 다시는 근심 빛이 없더라"(18절) 당신의 상태는 어떤가? 당신의 얼굴이 당신 인생의 홈페이지다. 당신 얼굴의 근심은 영적 상태이며, 나쁜 징조이다. 한나는 은혜 생활로 들어갔다. 평안으로 들어간 것이다.

제6장

:

비우기

우리는 인생 승리를 추구한다. 우리 모두는 세상 승리를
원한다. 승리라는 것은 참으로 다양하다. 사회생활 승리,
인간관계 승리, 경쟁 승리, 경제적 승리 등 이루 말할 수
없이 승리는 다양하다. 특히 우리는 인생 승리, 세상 승리
를 포함해서 신앙 승리자가 되어야 한다.

결단하는 아브라함
(창12:4-5)

　뛰어난 사람은 보통사람과 다른 것이 있다. 우선 생각이 다르고, 행동이 다르고, 용기가 다르다. 위인은 얽힌 역사를 지혜롭게 풀어가는 결단을 내리면서 잘 풀어나간다. 보통사람들이 머뭇거리고, 우물쭈물하고, 주저할 때 위인들은 빨리 결단을 내리고, 한 발 앞서가고, 용기 있게 일어서서 나가는 모습이 있다. 그래서 위인이 되려고 하면 우선 결단력이 있어야 한다.

　아브라함이 그런 사람이다. 바로 결단의 사람이다. 하나님이 고향에서 안정적으로 살고 있는 아브라함에게 **"고향을 떠나라"** 하실 때 아브라함은 주저 없이 단호하게 고향을 떠났다. 그때 나이가 75세였다. 사람 나이 75세가 되면 심리적으로 안정을 추구할 때다. 좋은 일이 있어도 도전과 모험을 하지 않는 때이다.

　그런데 아브라함은 그 같은 점을 극복하고 과감하게 일어나서 고향을 떠난 것이다. 늙은 아내와 어린 조카를 데리고, 안정된 생활을 버리고 고난의 길인 나그네 길을 떠난 것이다. 이것은 아브라함의 위인됨을 보여주는 모습이다.

이와 같은 용기와 결단은 위인으로 하여금 다른 사람보다 한 발 앞서 나가게 만들어준다. 그래서 세계 역사를 보면 이런 사람에 의해서 시대조류가 만들어지고, 주도되고, 진행되어 간다. 그리고 나머지 대다수의 사람들은 그 뒤를 좇아가면서 살게 된다.

미래학자들은 장차 우주정복의 최후 승리자는 미국이나 러시아가 아니고 앵글로 색슨족이라고 말한다. 그것은 앵글로 색슨족의 의식구조에 그 원인이 있다.

미국의 초등학교에서는 아이들이 여행을 떠날 때 부모나 선생님들이 따라가지 않고 아이들끼리 간다. 자기들이 알아서 여행을 한다. 그 같은 정복 의지와 모험하는 용기, 그리고 과감하게 맡겨버리는 독립성, 이것이 그들로 하여금 미래세계의 주인이 되게 하는 요인이라는 것이다.

그런 면에서 우리나라 사람들은 너나 할 것 없이 너무 눈물이 많고, 정이 많고, 노파심이 많다. 너무 지나치다. 외국 가도 울고, 군대 가도 울고, 시집가도 울고, 가는 사람도 울고 보내는 사람도 울고이다. 그렇기에 그 밑에서 자라나는 아이들이 독립심이 약하다. 결혼하면 부모들이 집도 장만해준다. 자녀들이 혼자 할 일이 없다. 그런데 어려서부터 독립심을 키운 서구의 사람들은 언제나 앞서 가면서 살고, 우리들은 그 뒤를 따라가면서 그들이 만들어놓은 터전에서 사는 것이 고작이다.

이것은 비단 세상살이만 해당되는 것은 아니다. 신앙생활도 마찬가지다. 예수님이 고기 잡고 있는 베드로에게 **"나를 따르라"** 하시니까 즉시 그물을 버려두고 따라갔다. 집에 가서 이야기하고 상의하지 않았다. 그랬더라면 영영 제자가 되지 못했을 것이다. 이 것이다 싶으니까 즉시 따라 나서는 그 결단력이 베드로를 제자가 되게 했고, 사도가 되게 했던 것이다.

요셉이 종으로 팔려가 산다. 거기서 여주인이 유혹한다. 그 때 요셉은 외로운 마음에 유혹을 받아들일 상황이다. 그래야 고생도 덜하고, 주인에게 사랑도 받고, 기회가 오는 상황이다. 그러나 요셉은 단호하게 뿌리치고 나가버린다. 이것이 요셉의 위인됨이다. 거기서 우물쭈물 머뭇거렸으면 끝장이다. 지금 우물쭈물 머뭇거리는 사람은 불행해지는 것이다.

엘리사가 밭을 갈고 있는데 엘리야가 찾아와서 **"나를 따르라"**고 한다. 지금 한창 밭을 갈고 농사일하는 사람을 당장 따라 오라고 한다. 이 때 엘리사는 모든 것을 접고 동네 사람을 모아 놓고 잔치를 베푼 뒤 엘리야를 따라 나선다. 대단한 의지다. 많은 사람 앞에서 '나는 간다'고 공적 선포이다. 그는 어려워도 끝까지 스승 엘리야를 따라 그 길을 갔다.

세상을 한 발 앞서며 살아가는 위인들을 보면 결단력이 있었다. 난국시에는 앞서 나가는 용기, 유사시에는 자기 목숨을 내놓을 수 있는 용기, 이것이 위인이다.

우리 시대를 보면 우물쭈물하고, 머뭇거리다가 불행해지는 것이다. 나아가지 못한다. 이런 사람은 지식이나 돈 그리고 능력 가지고, 좋은 여건과 신앙 가지고 그 자리를 맴돌다가 끝난다. 아브라함을 배워서 살아야 한다. 부르심에 일어서고, 나아가야 한다.

요즘 흡연, 술, 오락, 일, 컴퓨터, 스마트폰, 성(性)에 머뭇거리는 사람들, 그것들에 맴도는 사람들이 인생과 신앙을 파괴한다. 알면서 결단하지 못하고 거기에 머뭇거리다가 중독되어 버린다. 불행하다.

우리는 세상이나 돈에 머뭇거리면 안 된다. 자식들, 고향, 심지어는 신앙과 교회에도 머뭇거리면 안 된다. 부르심에 일어나야, 하나님 말씀에 아멘 하고 따라가야 복의 근원이 되는 것이다. 당신이 머뭇거리는 것은 무엇인가? 결단하라! 말씀을 따르라!

사람들이 결단의 지혜가 없기 때문에 기회를 놓치고, 세상에 지나치게 미련을 갖다가 실패하기도 하고, 너무 과하게 욕심을 내다가 봉변을 당하기도 하는 것이다. 어린아이처럼 부모의 말에 다 놔두고 일어나는 용기가 있어야 한다.

아브라함을 보라! 부모 없는 조카를 데리고 길을 떠났다가 재산 때문에 싸움을 하게 된다. 조카 롯이 삼촌 재산에 미련을 갖는다. 그때 아브라함이 위대한 결단을 발휘한다. **"좋은 것을 네가 택하라"** 조카에게 좋은 땅을 물려주고 자기는 나쁜 땅 황무지를 차지한다. 아브라함의 믿음은 담백하다. 남이 애착하는 것을 양보할 수 있는 사람이다. 그런 땅 문제는 싸움거리가 되지 않았다. 그때 하나님이 나타나셔서 **"너는 눈을 들어 동서남북을 바라보라 보이는 땅을 내가 너와 네 자손에게 주리라"**

그리스도인은 버려야 할 때는 과감하게 버리고 미련 없이 떠나는 용기가 있어야 한다. 그럼으로 복의 근원이 된다.

오늘 우리들이 세상을 살아가면서 이런 결단력을 발휘해야 한다. 다툼, 분열, 유혹, 시험 등을 이기고 승리하는 결단이다.

우리 시대는 우유부단해서는 살아가는데 어려움이 많고, 더구나 신앙생활에 치명적이다. 과감하고도 분명한 자세로 살아가야 신앙 승리자가 된다.

아브라함이 위대했던 것은 바로 끊고 맺음이 분명했기 때문이다. 그것이 하나님의 부르심이라고 생각될 때, 그것이 하나님 말씀일 때, 그것이 하나님 지시일 때, 그것이 틀림없는 하나님의 뜻이라고 판단되었을 때 무서울 만큼 냉정하게 결단내리고 나아가는 그 행동, 그것이 아브라함으로 하여금 아브라함 되게 만든 것이다.

우리가 좀 더 분명한 신앙인이 되어 세상을 살아가려고 하면 결단하는 신앙 태도가 있어야 한다. 그때 하나님이 보상하시고, 그런 사람의 나아가는 길을 인도하시는 것이다.

긍정하는 아브라함
(창12:10-13)

사람이 살아가다 보면 심정으로 어려울 때가 있다. 기대했던 일이 되지 않을 때 어렵다. 그때 사람들은 낙심하고 실망한다. 공부를 할 만큼 했는데 되는 일이 없다. 이때 기가 꺾이고 실망을 한다. 뜻대로 안 되어서 그렇다.

사람에 대한 실망도 크다. 투자한 만큼 아이 성적이 오르지 않는다. 기대하고 결혼을 했는데 기대의 절반도 못 미친다. 그래서 실망한다. 똑똑하고 유능한 사람인데 풀리지 않는다. 이런 것들이 우리를 절망하게 하는 것들이다.

아브라함이 하나님의 지시받고 고향을 떠난다. 하나님이 푸짐하게 약속을 하셔서 굉장한 기대를 가지고 간 것이다. 장차 아브라함에게 주어질 땅은 보통 땅이 아니고 젖과 꿀이 흐르는 땅이라고 했다. 아마 길을 가면서 아브라함은 나름대로 굉장한 상상을 하면서 갔을 것이다. 그런데 가서 보니 그 땅은 젖과 꿀과는 거리가 멀다. **"그 땅에 기근이 있었다"**(10절) 젖과 꿀은커녕 끝없는 황

무지다. 심각한 가난이다. 도저히 살아갈 수 없는 기근의 땅이었다. 하나님의 약속하고는 너무나 다른 사막이었다.

이때 아브라함이 얼마나 실망이 컸을까. 눈앞이 캄캄했을 것이다. 부인과 조카 그리고 짐승 떼를 데리고 여기까지 왔다. 와서 보니까 그 모양이다. 이제 다시 고향으로 돌아갈 수도 없고, 그렇다고 거기서 장막을 치고 살 수도 없다. 그래서 궁여지책으로 **"애굽으로 내려갔다"** 기대가 완전히 빗나간 삼천포로 빠지고 말았다. 이것이 신앙세계, 영의 세계, 축복세계, 하나님 세계에 있다는 사실을 알아야 한다. 당신도 완전히 빗나간 삼천포로 빠질 수 있다는 사실을 기억하라!

우리들이 세상을 살다보면 이렇게 당황할 수밖에 없는 그런 경우에 직면할 때가 있다. 열심히 일을 했는데 그 결과가 뜻밖으로 나타났을 때 사람들은 당황한다. 신앙생활을 순종했고, 말씀 따라 살았고, 기도하며, 인도 따라서 하나님의 축복의 삶을 살았는데, 그것이 아니다. 되는 일이 없다. **"기근이다"** 얼마나 실망스러운 신앙인가? 여기서 실망하고 시험에 들며, 영적회의를 가지고 불신앙에 빠져서 기도나 감사를 잃어버리고 실망에 빠지는 것이다. 이것이 신앙세계의 함정이다.

그런데 아브라함은 실망하지 않았고, 침체되지 않았다. 오히려 아브라함은 중요한 정신을 발휘한다. 그것이 바로 '긍정의 신앙'이다. 이것이 경건의 능력이고, 지혜일 것이다. 긍정하는 신앙만이 종말 세상, 기근 인생을 승리할 것이다. 매사를 희망적으로 보고, 소망으로 생각하고 기대하면서 살아야 하나님의 기적을 경험할 수 있다는 말이다.

하나님이 아브라함에게 축복의 땅이라고 가라 하셔서 왔는데 **"기근이다"** 하나님께 속았다는 생각을 할 수도 있다. 그러나 아브라함은 긍정 신앙으로 위기를 넘겼다. '지금은 기근이어도 언젠가는 약속대로 될 거야. 지금은 때가 되지 않아서 그렇지, 때가 되면 약속은 이루어질 거야. 젖과 꿀이 기근이라, 뭔가 섭리가 있을 거야' 이렇게 긍정 신앙이 바로 아브라함의 믿음이다.

그런데 젖과 꿀의 약속은 500년 뒤에 그대로 이루어졌다. 하나님의 약속은 더디나 이루어진다는 사실이다. 의심하지 말아야 한다. 인간의 머리로 판단하지 말아야 승리한다. 기도했는데, 순종했는데 이게 뭐야. 어리석은 판단이다.

여기서 범인들은 신앙과 하나님, 그리고 약속의 말씀을 불신하게 된다. 그러나 위인은 다르다. 눈에 보이는 기근으로 하나님과 약속, 그리고 말씀을 의심하지 않고 묵묵히 인내로 주의 길을 가는 것이다. 이것이 아브라함의 승리다.

인간은 연약하다. 막히고, 어렵고, 힘들면 하나님이 과연 살아 계시냐고 불경스러운 생각을 하게 되기도 한다.

우리 마음의 이런 불신 의심을 정복해야 승리한다. 이런 어려운 위기에서 긍정의 신앙을 발휘해야 한다. 이것이 아브라함의 믿음이다. 장사 잘 된다고 하나님 찾고, 장사가 안 되면 원망하는 신앙은 실패한다. 세상 물질, 즉 돈 가지고 하나님 판단하면 불행하게 된다. 신앙의 불행, 믿음의 실패, 의인의 고난이 축복이 되는 예가 허다하다. 잘 되고, 잘 나가고, 눈에 보이게 형통한 사람이 결국 망하고 저주에 이르는 예도 우리는 흔히 보는 일이다.

하나님 세계, 믿음 세계에 실패와 가난, 불행과 슬픔이 있는 것이 사실이다. 분명한 것은 이런 고통과 고난에서 결국은 승리하는 것이다. 예수님이 실패의 길을 가셨고, 실패자가 되었다. 그런데 3일 후에 이 실패가 인류와 영원히 승리가 될 줄을 누가 알았는가? 지금 부자, 성공, 형통이 승리라고 누구도 말할 수 없다. 지금 가난, 불행, 기근이 내일 희망이 아니라고 누구도 말하지 못한다. 믿음의 고난, 주의 길에 십자가, 좁은 길은 생명의 길이며, 축복의 길인 것을 알아야 한다.

세상은 부자를 승리자로, 성공자로 우대했지만 사후세계에 보니 부자는 실패자였으며, 가난한 나사로가 하나님 나라의 위로를 받았다. 누가 이기고 지는 사람인지 아무도 모른다. 세상과 인생을 속단하지 말아야 한다. 믿음을 지키는 인내가 필요하다.

세상은 그야말로 위기다. 성공 위주 시대는 희망이 없다. 영광 위주의 세상은 실패한다. 오늘 당장 성공하고, 당장 영광을 받아야 승리라는 생각은 사탄이 주는 달콤한 이야기다. 인간 승리는 하나님 은혜에 있다. 은혜의 길이 비참하고 험해도 우리는 가야 한다.

여기서 아브라함은 긍정 신앙을 가지고 믿음을 지켜서 복의 근원이 되었다.

아브라함이 하나님이 약속하신 그 땅에 와보니까 약속하신 것과는 너무나 달랐다. 약속은 엄청 푸짐한 보따리였는데 막상 풀어보니까 그것은 비참한 기근이었다. 이때 아브라함이 얼마나 실망했을까? 그리고 함께 동행한 부인과 젊은 조카에게 얼마나 쪽팔렸을까? 나를 따라 오라 그러면 젖과 꿀이라고 큰소리쳤는데, 현실은 너무나도 다른 빈약함이며, 너무나 삭막했다.

이것을 이긴 아브라함의 긍정 신앙은 '지금은 이 땅에 기근 황무지라도 하나님이 약속하신 그대로 언젠가는 젖과 꿀이 흐를 것이다' 창대할 것이라는 믿음을 가지고 기다림으로 그 위기를 극복해냈다. 이것이 긍정의 신앙이다.

기대를 가지고 일을 시작했는데 결과는 실망뿐인 사람이 있는가? 되는 일이 없고, 실패의 자리에서 실망하고 있는 사람이 있는가? 나아가 기도하고 믿음으로 살았는데 결과가 초라해서 실망하는 사람이 있는가? 왜 없겠는가? 이것이 신앙이고, 인생이다.

그러나 실망하지 말고 좀 더 깊이 생각해보라! 그리고 긍정 신앙, 소망 신앙을 가져라! 그러면 아브라함에게 주어진 승리의 날이 여러분에게 반드시 주어질 줄을 믿는다.

깨끗한 아브라함
(창14:21-24)

아브라함은 신앙인으로서 아주 좋은 성품을 지닌 사람이다. 인품은 물론 정신과 사상, 그리고 의지를 갖춘 사람이며. 거기다 깨끗한 사람이다. 전혀 오염되지 아니한 순전한 사람이다. 이렇게 맑은 사람이어서 하나님이 좋아하셨던 것이다.

아브라함은 신앙이 깨끗하다

창세기 13장을 보면 아브라함은 이사를 많이 다녔는데 가는 곳마다, 멈추는 곳마다, 옮겨 가는 곳마다 그곳에서 정성된 제단을 쌓고 가족과 종들과 함께 하나님을 경외하였다. 그리고 그때마다 하나님으로부터 약속을 받았고, 지시를 받았고, 갈 길을 인도받았다. 얼마나 참신한 신앙인가?

신앙생활의 근본은 이렇게 하나님께 먼저 제단을 쌓는 일이다. 아무리 살아가는 일이 바쁘고 복잡해도 이 문제는 우선시되어야 한다. 이 문제에 소홀하면 안 된다. 그만큼 하나님께 예배드리는 문제는 가장 근본이 되는 것이다. 아브라함에게서 가장 중요한 것이 예배인 것을 발견한다. 당신의 예배는 어떤가? 가장 중요한, 또는 우선시되는 예배여야 한다.

아브라함이 전쟁을 하고 돌아오는 길에 제사장 멜기세덱을 만났다(20절). 그때 아브라함은 그냥 돌아오지 않았다. 자신이 가진 것의 십일조를 정중하게 제사장에게 바쳤다. 그리고 제사장으로부터 축복의 기도를 받았다. 이것이 아브라함의 신앙이다. 신앙생활은 무엇보다 내용이 중요하다. 열심도 좋고, 신령함도 있고, 능력도 좋고, 실력도 필요하지만 무엇보다 신앙에는 내용이 있어야 한다. 아브라함은 그 와중에서도 십일조 드리는 것을 잊지 않았다. 이것이 그의 신앙이다. 누가 시켜서 되는 일이 아니다. 이것이 그를 복의 근원이 되게 한 것이다.

십일조 신앙은 중요하다. 하나님 사람은 십일조를 드려야 한다. 십일조를 하지 아니하면 이것은 죄와 윤리를 떠나서 믿음을 의심해야 한다. 내 영을 체크해야 한다. 믿음과 영은 돈과 함께 가는 것이다. **"물질이 있는 곳에 마음도 있다"**는 말씀대로 십일조와 믿음은 함께 간다는 사실이다. 전쟁 중에 제사장을 만나서 십일조를 드린다. 이것이 아브라함의 신앙 내용이다. 그러니까 그 시대에 하나님으로부터 남달리 복을 받고 살았던 것이다.

아브라함은 가정이 깨끗하다

창세기 13장을 보면 조카 롯과 불화가 일어났다. 롯은 아브라함에게 손아래 조카이다. 아브라함은 원래 삼형제인데 셋째 동생인 하란이 죽자 제수는 개가해 버렸다. 그래서 부모 없는 자식 롯을 아브라함이 키운 것이다. 그런데 이것이 말썽이다. 돈 욕심, 재산 문제로 다투고 싸운다. 항상 아브라함에게 불만이다. 이러다가는 가정의 평화가 깨지게 생겼다. 그래서 아브라함은 자신이 가진 재산 모두를 롯에게 주어서 내보낸다.

여기서 아브라함은 가정평화를 위해서 제물을 모두 포기한 것이다. 이것이 아브라함의 신앙이다.

세상에서 가장 소중한 것이 무엇인가? 가정이다. 천만금을 가져도 가정이 불화하면 그곳은 지옥이다. 지금 우리 시대의 실상이다. 집에 금송아지를 가지고도 지옥이다. 천만금을 가지고도 가정이 지옥이다. 평화의 가정이 천국이다. 세상은 움막이어도 그곳에 사랑과 평화가 있으면 천국이다. 많은 것을 소유하고 누리면서 불화하면 지옥인 것을 알아야 한다.

이렇게 가정이 불화하면 나타나는 현상이 있다. 그것은 기도가 막히는 것이다. 신앙에서 기도가 막히면 그것은 끝장이다. 그런 집에 천만금이 있으면 무엇을 하고, 금송아지가 있으면 뭐하나? 상아 침대도 아무것도 아니다.

그런 면에서 아브라함은 평화주의자다. 그는 가정 평화를 위해서 가진 모든 것을 유감없이 버릴 수 있는 용기가 있었던 사람이다. 무엇보다도 가정의 소중함을 아는 사람이다. 그는 깨끗한 사람이다.

우리는 세상을 살면서 물질주의, 세속주의, 성공주의를 조심해야 한다. 가정을 지키는 평화주의자가 되시기를 바란다.

평화는 손해와 희생에서 이루어진다. 이 세상이 평화가 안 되는 이유는 서로 이익을 추구하기 때문이다. 모두가 이익만을 추구하면 가정이나 국가, 그리고 세계 평화는 멀기만 하다.

그런 면에서 아브라함은 훌륭하다. 가정 평화를 위해서 모든 것을 포기할 수 있는 용기가 있었던 사람이다.

아브라함은 물질에 깨끗하다

아브라함이 성공한 이면을 보면 물질에 깨끗한 면이다. 그는 물질에 울고 웃는 사람이 아니다. 물질에 얽매이지도 아니한다.

창세기 14장을 보면 시날 평지에 사는 다섯 부족이 동맹을 해서 소돔 성을 침략 정복했다. 본문이 그 이야기다. 이 연합군이 쳐들어 와서는 사람들을 끌어가고, 재산을 모두 빼앗아 갔다.

그때 소돔에 살고 있던 롯도 포로로 잡혀갔다. 그 소식을 듣고 아브라함은 개인병력 381명을 이끌고 뒤쫓아 갔다.

아브라함은 평화주의자이면서 또한 의분의 사람이었다. 위험을 무릅쓰고 뒤쫓아 가서 연합군과 싸워서 인질 모두를 되찾고, 빼긴 재산 모두를 회수하고, 조카 롯을 구하여 무사히 돌아오게 했다. 얼마나 용기 있는 사람인가?

이렇게 아브라함이 침입자를 추격해서 잃은 모든 것을 되찾고 돌아올 때 소돔 왕이 아브라함을 극진하게 맞이했다. 자기도 못하는 일을 해서 다 잃어버린 재산과 국민을 되찾았으니 얼마나 고마운 일인가? 그때 소돔 왕이 아브라함에게 제안한다. **"내 백성만 내게 돌려주고 짐승과 재물은 모두 당신이 가지라"**(21절) 그것은 엄청난 재산이었을 것이다. 큰 횡재이다. 그런데 아브라함은 일언지하에 거절해버린다. 그 이유는 23절이다. **"소돔 왕이 아브라함을 부자 만들어 주었다는 말을 듣기 싫어 실 하나도, 신발짝 하나도 갖지 않겠다"** 하고 단호하게 거절한 것이다. 그 모습을 옆에서 지켜보던 제사장 멜기세덱이 **"당신같이 깨끗한 사람은 내가 처음 본다"**고 감탄했다. 이후 모든 사람들이 아브라함을 돕고 축복하였다.

사람은 물질적으로 깨끗해야 한다. 특히 신앙인은 물질 문제에 깨끗해야 한다. 왜 이렇게 세상이 물질적으로 고통하는가? 더러운 돈, 지저분한 돈 때문이다. 사람이 가진 돈이 깨끗하지 못해서 문제인 세상이다. 훌륭한 정치인, 지도자, 부자들이 사회에 암적 요인이다. 그들이 물질적으로 깨끗하지 못하다는 것이다. 성공하고 출세한 지도자, 기업인들이 국가경제와 국민생활을 파탄에 이르게 했다는 것이다. 출세한 지도자, 성공한 기업인 책임이라고 외치고 있다. 원인은 무엇인가? 지저분하다는 것이다. 부자들이 가진 돈이 더럽다는 것이다.

여기에 교회도 예외가 아닌 듯하다. 구제하고 사회를 섬길 교회가 언제부터인가 부자가 되어서 수십억, 수백억 재산을 가지고 우리 사회에 경제적 주류를 형성하여 자랑들이다. 이것은 지저분한 것이다.

아브라함은 사회적으로 정결한 사람, 즉 깨끗한 신앙인이다. 물질에 있어서 청백한 하나님의 사람이다. 이것이 오늘 본문이 우리에게 던지는 메시지다.

비상(飛上)하는 아브라함
(창12:1-4)

우리는 인생 승리를 추구한다. 우리 모두는 세상 승리를 원한다. 승리라는 것은 참으로 다양하다. 사회생활 승리, 인간관계 승리, 경쟁 승리, 경제적 승리 등 이루 말할 수 없이 승리는 다양하다. 특히 우리는 인생 승리, 세상 승리를 포함해서 신앙 승리자가 되어야 한다. 히브리서 11장에 신앙의 위인들이 소개되고 있다. 홍수 심판에서 유일하게 살아남은 노아가 나오고, 죽지 않고 들림 받은 에녹이 나오며, 통일왕국을 이룬 다윗, 출애굽의 지도자 모세, 기구한 운명 가지고 승리한 야곱, 이 사람들은 쟁쟁한 위인들이다. 이들 모두는 한 시대를 승리한 신앙의 위인들이다.

그 중에서도 가장 뛰어난 인물이 아브라함이다. 그는 타의 추종을 불허하는 신앙의 승리자 즉 믿음의 조상, 복의 근원이다. 저는 세상에서 가장 부러운 것이 하나 있다. 그것은 잘사는 것이 아니다. 성공하고 출세하는 것도 아니다. 그것은 믿음의 역사성이다. 우리가 가진 신앙이 후손 후대로 몇 십 년, 몇 백 년 이어져서 전

수가 되느냐 하는 것이다. 이것이 가장 복된 유산이다. 우리나라가 기독교 국가로 미래역사에 전통으로 이어지는 것이 축복이다.

성경을 보면 이런 면에서 아브라함은 위인이다. 그는 '믿음의 조상' '복의 근원'이 되어서 그의 믿음은 신약 역사까지 전해 내려오고 있다. 그의 믿음과 복은 지금도 우리에게 전달되어진다.

아브라함의 신앙 요소가 무엇인지 우리는 배워야 한다.

비상하는 신앙이다

그의 위대한 신앙 요소는 환상, 즉 꿈이다. 하늘 신앙, 천국 신앙, 하나님 신앙이다. 다시 말하면 세상 꿈, 물질 꿈, 육적 꿈이 아니다. '비상 신앙'이다. 위의 것을 찾는 신앙, 위의 것을 바라보는 신앙, 위의 것을 구하는 신앙이다.

마치 개척자는 미지의 세계에 대한 모험의지가 있어야 하듯이 신앙인에게는 반드시 신앙인만이 추구하는 높은 세계에 대한 관심과 안목이 있어야 한다. 그러므로 '비상(飛上)'이다. 남들이 알지 못하는 미지의 세계로 오르는 신앙이다. 전문산악인이 목숨을 걸고 히말라야를 오른다. 나폴레옹이 눈 덮인 알프스 산맥을 백마를 타고 오른다. 나는 목숨을 걸고 남들이 오르지 못한 저 산을 넘으리라, 이런 사람이라야 창조를 하고, 개척을 하며, 꿈을 이루고, 미래를 소유할 수 있는 것이다.

보통사람들은 보이는 세계에만 관심을 가지고 살아간다. 그 이상의 것에 대하여는 무관심하다. 그러니까 육신적인 것에 몰두하며 살아간다. 이런 사람의 마음속에 저 산 너머에 관심이 있겠는가? 없으니까 평생을 남산이나 관악산만 오르내리는 것이다. 발전도 진행도 없이 날마다 시내버스처럼 가던 길 다시 돌아오는 것이다. 이런 신앙은 평생 아무 일 없이 그 모양, 그 꼴이다.

콜럼부스가 미지의 세계에 관심을 가지고 배를 타고 무작정 탐험의 길을 나선다. 이런 사람에게 죽음과 실패는 무섭지 않다. 근심 걱정은 사치다. 미지의 세계를 정복하러 나가는 콜럼부스에게 현실 걱정은 없다. 이런 사람에게 경제, 부동산, 노후 걱정은 있을 수 없다. 이것이 바로 아브라함의 신앙 요소다.

어떤 집사님은 자신이 사는 신길동을 떠나서는 못 산다고 한다. 어느 교회를 떠날 수 없다고 한다. 무슨 말인지 이해는 하면서도 이런 사람은 걱정스럽다. 이런 사람의 눈에는 앞이 보이질 않는다. 미래고, 천국이고, 어떤 꿈과 환상 즉 '비상'이 없다. 이런 사람은 하늘이 없다. 오직 땅이다. 하나님도 없이 인간만 보인다. '비상'해야 한다. 올라가야 한다.

젊음의 신앙이다

아브라함은 나이가 많아도 젊은이처럼 저 산 너머에 관심을 가지고 산다. 조상대대로 내려오는 고향 땅에서 살고는 있지만 아브라함의 마음속에는 현실을 탈출하려는 의지가 있었다. 현실에 안

주하지 아니하고 제3의 영역에 눈을 뜨고, 마음을 두고, 뜻을 두고 살았다. 그러니까 하나님이 고향을 떠나라는 말 한 마디에 미련 없이 떠날 수 있었다. 그때 아브라함의 나이가 75세이다.

다 늙은 나이에 고향을 떠나면서 두려워하거나 주저함이 없이 하나님 말씀 따라 미래로 나아간 것이다. 그는 하나님의 환상과 꿈이 있으니까 나이를 극복하고, 미래로 나아가 개척한 것이다.

우리는 신앙생활에서 하나님 환상, 말씀에 꿈이 있어야 저 영적 세계로 눈을 돌리고, 그곳에 마음을 두고, 그곳에 뜻을 두고 살아갈 수가 있다. 그렇지 아니하고 사람이 지나치게 현실 위주로 아래만 보고 물질 위주로 살아가게 되면 '비상'은 없다.

그렇게 되면 위도 옆도 보이지 않고, 오직 내 집과 나만 보일 뿐이다. 이런 사람에게 부활, 재림, 천국은 의미가 없다.

버스에서 두 청년이 논쟁을 한다. 한 청년은 천국이 있다고 우기고, 또 한 청년은 천국이 없다고 우긴다. 마침 제가 두 청년의 논쟁을 듣다가 천국이 없다고 우기는 청년에게 "자네, 이 다음에 지옥 가게" 그랬더니 이 청년이 화를 내면서 왜 내가 지옥 가느냐고 따지고 든다.

아브라함은 갈대아 우르에 살면서 비상 신앙을 가지고 살았다. 그곳에 살 뿐이지 뿌리를 내리고 세속 세상에 정착하려고 하지 않았다. 이렇게 떠날 마음을 가지고 살 때 하나님은 **"너는 고향을 떠나라"** 하셨다. 그리하면 네 자손을 모래처럼 별처럼 많게 하리라 하셨다. 이런 꿈과 환상을 가져야 '비상'하는 사람이 된다. 이런 신앙에 무슨 불만이 있으며, 오직 미래 소망뿐이다.

소망의 신앙이다

저는 목사로서 여러분들이 이 세상을 살면서 환상도 가지고, 꿈도 지닌 깊은 영성의 신앙인이 되었으면 한다. 현실에 고정된 눈이 멀리 내다볼 수 있는 눈으로 바뀌고, 오늘 현실에 부딪치는 일로만 골몰하지 말고 내일 우리에게 주어질 그 나라를 볼 수 있는 안목을 가지게 되기를 바란다.

신앙생활 자체가 사실은 꿈꾸는 생활이다. 부활, 천국, 구원, 재림, 상급, 모두가 꿈이다. 불신자들이 들으면 모두가 꿈같은 이야기일 것이다. 예수 믿는 사람 미쳤다고 할 것이다. 눈에 보이는 세상만 보고, 믿고, 살아가는 사람들에게 구원, 부활, 천국은 이해할수도 없고, 관심조차도 없다. 그런 눈에 영적인 하나님 나라가 보이겠는가?

인간은 하나님을 믿으며 살아야 하는 존재다. 세상 것만 이루고, 육신의 배만 부르다고 살 수 있는 존재가 아니다. 인간은 또 다른 양식을 먹어야 사는 존재다. 어리석은 사람은 하늘 양식, 영혼의 양식에 무관심이다. 영적세계에 관심 없다. 아브라함은 이세상을 살면서 영적 환상과 꿈이 있었다. 이것이 늙은 나이에도 하나님의 지시, 말씀을 따라가는 믿음의 용기를 주었고, 믿음의 조상이 되게 만들었다.

이 영원한 환상, 새 하늘과 새 땅의 꿈을 가지고 살아야 육신 세계, 허무한 세상에서 미래 소망을 지닌 깊은 영성을 지닌 신앙인이 되는 것이다. 이런 비상하는 믿음을 가져야 세상 것에 집착하지 아니한 신선한 인생을 살 수 있다는 말씀이다.

실패하는 아브라함
(창16:1-6)

아브라함은 믿음의 조상이며, 복의 근원이고, 하나님이 의롭다 한 사람이다. 여기서 조심할 것은 아브라함이 그럼으로 특별하고 위대한 사람이라고 생각하지 말라는 것이다. 그도 보통사람이며, 평범한 인간이었다는 것을 알아야 한다. 그도 우리처럼 실수하고, 약점이 많고, 흠이 많은 사람이라는 말이다. 문제가 많은 실패자라는 말이다.

창세기 12장에 나타난 아브라함의 문제점

아브라함이 하나님 말씀을 믿고 고향을 떠나 가나안 땅에 도착했다. 와서 보니 그곳은 사람이 살 만한 곳이 아니다. 하나님이 약속하신 내용과는 거리가 너무 멀다. 그래서 10절에 보면 **"애굽으로 내려갔다"**고 했다. 배가 고파서 가나안에서 살아갈 수가 없었다. 애굽에만 가면 만사가 다 잘될 줄로만 알았다. 그래서 아브라함은 의심 없이 애굽으로 간다.

그런데 막상 애굽에 도착하고 보니까 걱정거리가 생겼다. 11-13절을 보면 **"그가 애굽에 이를 때에 그 아내 사래더러 말하되 그대는 아리따운 여인이라 애굽 사람이 그대를 볼 때에 이르기를 이는 그의 아내라 하고 나는 죽이고 그대는 살리니 원컨대 그대는 나의 누이라 하라"**

아브라함의 아내는 아주 빼어난 미인이었다. 65세인데 아이를 낳지 못했으니까 그럴 만하다. 거기다 애굽 사람은 피부가 검다. 거기에 백옥같이 흰 사래가 나타났으니 얼마나 돋보였겠는가? 아브라함은 이것이 겁이 났던 것이다. 분명히 자기를 죽이고 사래를 빼앗아갈 것으로 알았다. 그래서 아브라함이 그답지 않게 잔머리를 쓴다. 우리 사이를 부부가 아닌 남매로 위장하자는 것이다.

아브라함이 여기서 실수를 한다. 여기서 아브라함은 졸렬한 남자, 비겁한 사람이라는 비난을 받았다. 아브라함은 지금까지 믿음으로 살아온 사람이다. 거기다 용기 있는 사람이었다. 그런 그가 이렇게 비겁할 수가 없다.

사람은 위기를 만나면 평소의 그답지 않은 본심이 나온다고 한다. 평소에는 용감한 체하고, 신사인 체, 의인인 체하다가 위기 때 본심이 발동한다는 것이다.

지금까지 아브라함은 부족함이 없는 사람, 신사, 신앙인, 용기 있고, 책임감 있는 듬직한 사람이었다. 이것이 겉으로 나타난 아브라함의 모습이었다. 그런데 또 다른 면으로 보면 아브라함의 마음에 자기가 죽을까봐 아내를 누이라고 하는 비겁한 면도 있는 사람이다.

모든 사람에게는 이와 같은 이중적인 마음이 들어 있다. 겉으로 볼 때에는 점잖은 것 같고, 신사같이 보이고, 용기 있어 보인다. 그런데 좀 깊이 속으로 들어가 보면 거기에는 이렇게 야비한 마음과 비겁한 자세와 이중적인 태도가 들어 있다는 것이다.

우리가 존경하는 믿음의 조상 아브라함도 바로 그런 약점을 지닌 사람이다.

아브라함이 이중인격자다. 사람들 앞에서 아내를 누이라고 소개한다. 15절에 보면 사람들이 사래의 아름다움을 보고 놀라고 있다. 그녀의 아름다움은 전국에 소문이 났고, 왕궁에까지 퍼졌다. 결국 부인은 왕궁으로 들어갔다.

여기서 아브라함은 미칠 지경이다. 이때 아브라함이 용기 있는 사람이었다면 사실을 밝혀야 한다. 그리고 용서를 빌고 아내를 욕되게 하지 말았어야 한다. 그런데 16절을 보면 아내를 빼앗긴 대가로 많은 물질을 받았다. 어떻게 그것을 받을 수가 있는가? 여러분 같으면 죽으면 죽었지 그것을 받겠는가? 아브라함은 그것을 받았다. 성자 아브라함이 추하게 추락한 것이다.

17절에도 보면 하나님이 바로에게 나타나셔서 사래는 아브라함의 아내이니 돌려보내라고 하신다. 바로는 겁이 나서 사래를 보낸다. 그런데 그때 아브라함은 그가 준 제물을 다 챙겨서 애굽을 떠난다. 이 얼마나 추한 남자인가? 그는 결코 훌륭한 사람이 아니다. 우리하고 다르지 않는 치사한 사람이다.

창세기 16장에 나타난 아브라함의 문제점

아브라함은 하나님 지시로 고향을 떠나는 과감한 결단력이 있다. 신앙인은 이런 모습이 있어야 한다. 신앙인은 따뜻할 때는 정말 따뜻하고, 인정이나 아량도 있어야 하지만 냉정할 때는 매섭게 끊고, 매듭짓고, 일어나는 결단도 있어야 한다. 이렇게 해야 신앙을 유지한다. 아브라함은 이것을 잘했다.

그리고 아브라함은 인내의 사람이다. 육체적 인내로 배고픔을 이겨야 한다. 그리고 정신적 인내로 물질을 극복해야 한다. 나아가 신앙의 인내도 필요하다. 아브라함은 신앙의 인내에서 참지 못하고 실패를 하고 말았다.

아브라함이 75세에 하나님이 약속하시기를 **"고향을 떠나라 그리하면 네 자손을 하늘의 별처럼 많게 하리라"** 그리고 10년이 흘러 85세가 되었다. 아내는 늙어서 단산이 되었다. 하나님 약속인 하늘의 별은 고사하고 아들 하나도 낳지 못했다. 얼마나 초조하고 다급했겠는가?

아브라함은 여기서 더 이상 참지 못하고 첩을 얻는다. 그리고 편법으로 아들을 얻었다. 그 아들이 이스마엘이다. 여기서 아브라함이 실패한다. 지금까지는 다 잘했는데, 아브라함이 여기서 결정적인 실수를 한 것이다.

이 실수로 인하여 가정이 얼마나 심각하게 불화가 일어난지는 다 아는 사실이다. 그리고 이 실수로 인해서 하나님과 13년 동안 99세까지 교통이 단절되고 말았다. 아브라함에게 영적 암흑기가 온 것이다. 하나님과 단절 13년은 무서운 일이다. 사람과 단절, 친구나 가족 간의 단절도 두려운 일인데, 하나님과 단절은 정말 고뇌이다.

이것이 인생의 불행이다. 신앙인의 불행이다. 우리 신앙이 하나님을 역행하면 그것은 불화와 영적 암흑이다. 이것이 인생 역사이며, 세상 역사다. 하나님과 단절이 무서운 것이다.

세상에 완벽한 신앙은 없다. 어디 완전한 사람이 있는가? 없다. 한 사람도 없다. 신앙 역사에 위인들도 다 실수를 했다. 모세, 다윗, 노아, 이삭 등 다 큰 실수가 있었다. 그 후에 더 위대한 사람들이 되었다. 이유가 무엇인가? 이유가 두 가지다.

하나는 하나님 편에서 베풀어 주신 사랑이다. 하나님의 구속사적인 은총이다. 아브라함, 모세, 다윗 모두 용서 받지 못할 죄인들이다. 흠이 많다. 그럼에도 불구하고 하나님은 그들을 버리시지 않으셨다. 용서해주시고 다시 은혜를 주셨다. 이것이 구속사적 하나님의 사랑이다.

또 사람 편에서는 그 은혜를 고맙게 받아들였기 때문이다. 문제는 은혜를 인간이 거절하면 그만이다. 내가 실패하고 망하겠다고 우기면서 기도하지 않고 예배 거부하면서 고집을 피우면 하나님도 어쩔 수가 없다. 그런데 그들은 한결같이 눈물로 회개하고, 뉘

우치며, 하나님 은혜를 기쁨으로 받아서 더 겸손해지고, 더 기도하는 사람이 된 것이다.

하나님은 결코 우리를 버리지 아니하신다는 사실이다. 문제는 우리가 하나님 은혜를 거절하고 버리는 것이다. 여기서 결정적으로 실패하는 인생이 되는 것이다.

제7장

나아가기

> 예배는 예수님의 십자가 은혜로 내 인생의 짐을 푸는 것
> 이다. 그 십자가의 고난과 죽음은 내 대신 담당하신 역사
> 적인 사건이다. 이 놀라운 사건에서 내 인생의 문제를 해
> 결해 주신 것이다. 그 은혜는 우리 인생을 실패에서 성공
> 으로 바꾸어 놓으셨다. 여기서 진정한 예배가 나오는 것
> 이다.

공허한 예배
(요4:19-26)

그림자 예배

　세상 예배는 미완의 예배이다. 앞으로 다가올 참 예배의 그림자 예배다. 세상 예배에는 완전한 예배가 없다는 사실이다.

　이것이 바로 교회 예배의 현실이다. 어느 교회 예배, 그리고 어느 목사님이 집례하는 설교 예배가 은혜 있다는 말을 한다. 거기에 몰려간다. 큰 교회 예배는 인정하면서 작은 교회 예배는 무시한다. 스타 목사, 인기 목사를 추종하고 따른다. 이것은 이해가 되지만 크게 우려가 된다. 여기서 이단, 거짓 지도자, 구원파 같은 목사가 출현하기 때문이다.

　사마리아 사람들의 신앙은 하나님이 정해주신 예배 장소가 그리심산이라고 주장하였고, 유대인들은 예루살렘 성전이라고 주장하였다. 과연 어디가 맞는가? 어디서나 예배 드려도 된다. 그리고 그리심산이나 예루살렘 성전이나 다 그림자다. **"예수께서 이르시**

되 여자여 내 말을 믿으라 이 산에서도 말고 예루살렘에서도 말고 너희가 아버지께 예배할 때가 이르리라"(21절)

세상 예배는 이 교회, 저 교회든 다 앞으로 다가올 진정한 예배의 예행연습이다. 지금 우리가 드리는 예배는 오픈 전이다. 그러므로 우리는 예배의 이해가 필요하다. 누구를 따르고 추종하는 예배와 어느 교파나 교회를 주장하는 예배는 매우 위험한 신앙이다.

공허한 예배

세상 예배는 언제나 부족하다. 갈급함이 있다. 세상 예배에서 완전한 충족은 없다. 완전한 충만함도 없다. 어느 교회, 어느 목사에게 은혜 받는다, 뜨겁다, 강력하다고 하는데 이런 신앙은 초보적이다. 처음에는 다 좋으며 느낌이 강하게 다가오는 것이다. 이런 초보 신앙을 벗어나야 한다. 매우 위험하기 때문이다.

사마리아 여자에게 이런 부분이 나타난다. 남편을 다섯 번, 여섯 번 바꾸듯이 교회 예배로 충족하려는 우려이다. 세상 예배에 충족은 없다는 말씀이다. 다시 말하면 세상 예배에 만족은 없다는 것이다. 불만과 부족, 그리고 미흡에서 날마다 기도하고 나아가는 것이다. 사람들이 어느 교회가 특별하다고 생각해서 몰려간다. 이것은 구원파 사람들이 금수원에 몰려가는 것과 별 다를 것이 없는 어리석은 신앙이다. 세상 예배, 인간 예배에 무슨 완성이 있단 말인가? 있다면 그것은 거짓 교회 예배이며, 분명히 이단이다.

"너희는 알지 못하는 것을 예배하고 우리는 아는 것을 **예배하노니 이는 구원이 유대인에게서 남이라**"(22절) 교회 예배, 세상 예배는 참 예배가 아니므로 구원의 수단이 되지 못한다. 인간 구원은 예배에서가 아니라 예수님을 통하여 이루어진다는 사실이다.

'마음' 예배드리기

포로생활 이후 이스라엘 백성들은 타락하고 무성의한 예배를 드렸다. 하나님은 이런 예배를 받으실 수 없으셨다. 이에 대해 선지자 말라기는 다음과 같이 충고했다. 하나님을 전심으로 경외치 아니하면서 드리는 예배는 받지 않으신다. 여기서 '전심'은 '마음'이다. 마음이 없는 예배이다. 우리는 어떠한 경우라도 예배는 마음으로 드려야 한다. '마음을 다하여 신령과 진정으로 예배하라' 예배에는 마음이 있어야 한다.

예배 장소와 시간이 중요하지 않다. 그리심산 예배나 예루살렘 예배가 중요한 것이 아니다. 어느 교회 예배, 어느 성전 예배가 중요하지 않다. 그럼에도 불구하고 여전히 예배가 장소와 시간에 머무르는 것은 정말 안타까운 일이다. '예배'는 하나님의 현존을 인지하는 인간의 응답을 표현하는 마음가짐이다.

이 세상 모든 것이 다 형식이어도 예배는 형식이어서는 안 된다. 우리 사랑도 어떤 면에서는 형식일 수 있다. 인격이나 예의도 형식적일 수 있다. 그러나 하나님 예배는 마음이다.

예배가 무너진 세상이다. 예배가 무너진 교회이다. 예배가 무너진 신앙이다. 마음이 없는 예배는 무너진 예배다.

'믿음' 예배드리기

우리 예배는 미래지향적이어야 한다. '현실 예배' '실용 예배' '응답 예배' '복권 예배'는 안 된다. **"여자여 내 말을 믿으라 이 산에도 말고 예루살렘에서도 말고 너희가 예배할 때가 이르리라"**(21절) 예배의 효과는 지금 나타나는 것이 아니다. 육체 효과, 세상 효과, 물질 효과가 아니다. 이것이 사실 예배의 문제이다. 이런 것들에 얽매이는 예배는 거짓 예배이다. 이런 식의 예배는 시험 든다. 내가 볼 때 우리나라 교회는 예배시험에 든 상태다. 예배시험 신앙이다. 여기서 예배가 생동감이 없게 되었다.

우리는 예배 믿음을 가져야 한다. 그것은 **"너희가 예배할 때가 이르리라"** 지금 드리는 예배, 세상 예배, 교회 예배는 다가올 미래를 소망으로 기다리는 예배이다. '소망 예배'이다. 왜 예배가 재미없는가? 예배에 생동감이 없을까? 소망으로 바라봄이 없기 때문이다. **"예수께서 이르시되 여자여 내 말을 믿으라 이 산도 말고 예루살렘에서도 말고"** 지금 예배 즉 교회 예배에 집착하지 말라!

'예수' 예배드리기

예배는 예수님의 십자가 은혜로 내 인생의 짐을 푸는 것이다. 그 십자가의 고난과 죽음은 내 대신 담당하신 역사적인 사건이다. 이 놀라운 사건에서 내 인생의 문제를 해결해 주신 것이다. 그 은혜는 우리 인생을 실패에서 성공으로 바꾸어 놓으셨다. 여기서 진정한 예배가 나오는 것이다. 우리는 예수님 은혜로 성공 인생이다. 이 세상 실패자, 나아가 거지라도 그리스도인 즉 믿음의 사람은 성공자이다. 우리는 망하게 돼도 괜찮다. 세상 실패해도 좋다. 이것이 사마리아 여자이다. 그녀는 인생 실패를 극복한 여자다. 세상 실패를 넘어선 사람이다. 예수 예배에 이른 신앙이다. 당신은 예수 예배에 이른 사람인가? 나는 이것을 묻고 싶다.

저는 2002년 월드컵에서 박지성 선수가 히딩크 감독의 품에 안긴 것을 잊을 수가 없다. 많은 교회 사람들이 지금도 그리심산이나 예루살렘 성전에 예배자로 있다. 그곳 예배, 즉 그런 예배는 안 된다. 예수 품에 안긴 예배여야 한다.

이제 사마리아 여자는 사람 품을 벗어났다. 다섯, 여섯 남자의 품은 인간 품일 뿐이다. 사람 품에 안긴 예배는 안 된다. 이제 우리는 목사와 교회 품을 벗어나서 예수 품에 안긴 예배가 요구된다. 사마리아 여자가 허한 인간 품을 벗어나서 예수 예배로 들어갔다. 이것이 진정한 예배다.

목마른 인간
(요4:1-15)

인간의 근본문제는 '목마름'이다

목마름에서 인간은 파괴된다. 사마리아 여자가 기갈 당한 상태다. 사람 기갈이다. 사람 목마름이다. 이것이 현대인의 문제이며, 인간의 기갈 즉 목마름이다. 대중 속에서 살면서 나 홀로 솔로이다. 진정한 친구가 없다. 9절에 **"유대인이 사마리아인과 상종하지 아니함이러라"** 이것은 외면 즉 소외이다. 유대인과 사마리아인은 같은 민족이며 형제이다. 그리고 서로 이웃이다. 다시 말하면 친구 사이다. 다만 사마리아인들은 유대인에 비해 신분이 낮고 수준이 떨어진다. 그것은 가난한 문제에서 유발된 것이며, 수준 낮은 이단 신앙이 원인이었다. 사마리아인이 우리나라의 구원파와 비슷하다. 가족이 외면하고 사회가 받아주지 않는다.

이렇게 보면 우리 사회에 사마리아인은 만연되어 있다. 가족 사마리아인, 형제 사마리아인, 자식 사마리아인, 부부 사마리아인,

교회 사마리아인, 기독교 사마리아인이 우리 주변에 비주류로 밀려서 기갈로 신음하고 있다.

여기서 예수님을 보라! 오만한 유대인과 바리세인을 떠나 사마리아로 가신다. 알고 가신다. 사람을 찾으러 가신다. 그리고 우물에 앉아서 사람을 기다리신다(6절). 사마리아 여자를 찾아가셨다. 버린 사람, 이단 신앙, 파괴된 인간과 '상종'하신 것이다.

우리 그리스도인은 생각해야 한다. 누가 누구를 버린단 말인가? 우리 신앙 가지고 다른 신앙을 배제해서는 안 된다.

인간의 근본문제는 '외로움'이다

소외에서 인간은 파괴된다. 사람이 없는 외로움이다. 사람에게서 외면당함이 인간을 무너지게 한다. 사람들을 보면 소외에서 극단을 선택한다. 분명히 나쁜 놈, 이단 거짓인데도 따라간다. 사람은 어디로 가는가? 자기를 받아주고, 사랑해주는 곳으로 간다. 이것이 인간의 연약함이다. 기성교회가 교리와 신학을 내세워 소외시킨 사람들이 모인 공동체가 지금의 구원파이다. 이렇게 보면 구원파에 대한 책임이 기성교회에 있다는 사실이다.

그러므로 예수님의 관심사는 유대인과 바리세인을 떠나 사마리아인에게로 향하신다. 왜인가? 유대인과 바리세인들은 자칭 충족, 자기 만족, 그리고 스스로 의(義)에 도취되어서 예수님이 필요없는 사람들이다. 예수님에 대한 목마름이 없다. 왜 예수님은 사마리아로 가셨는가? 예수가 필요한 사람, 예수로 목마른 사람에게 가신 것이다.

예수님은 물이다. 생수이시다(10절). 물 없이는 인간은 살 수가 없다. 더 나아가 예수님은 인간의 생명수다. 영생수다.

예수님은 영원한 생명이시다(11-15절). 자본주의, 세속주의 신앙과 교회는 예수님에 대한 갈증 목마름이 없다. 지금 기성교회의 예배를 보라! 예수를 구하는 목마름이 없는 것이 사실이다.

예수가 인간의 선물이다

'하나님의 선물'을 아십니까? 하나님의 선물을 알아야 한다. 하나님의 선물을 놓치지 말아야 한다. **"예수께서 대답하여 이르시되 네가 만일 하나님의 선물과 또 네게 물 좀 달라하는 이가 누구인 줄 알았더라면 네가 그에게 구하였을 것이요"**(10절)

하나님의 선물이 예수님이다. 인간에게 주신 하나님의 선물을 기억해야 한다. 이 선물은 주셔야 받는다. 돈으로 사지 못하는 선물이다. 택한 자에게 주신 하나님의 선물이다.

세상을 보면 선물이라고 생각하는 것이 많다. 돈이나 자식 그리고 배우자, 친구, 지혜 등. 그런데 이런 것들은 선물이라기보다는 '복'이다. 타고난 축복이다. 하나님의 선물은 아니다. 예수를 보내심이 하나님의 선물이다. 사마리아 여자는 불행한 여자이지만 최고의 선물, 즉 하나님의 선물인 예수님을 받은 것이다. 그녀는 현실에서 비참한 인생이지만 하나님의 특별은총과에 속한 영적 특혜인 예수님과 상종했다. 이 만남이 정상의 은혜이다. 이 세상에 사탄과 상종 교제하는 사람이 정말 불행한 인생이다.

안 믿는 사람, 불신자, 거짓 영에 미혹된 사람은 저주 받은 사람들이다. 이것이 복 받고 사는 사람에게 나타나는 불행 현상이다.

예수가 인간의 생명이다

생명 경시 세상이다. 이번 세월호 사건에서 이 부분이 만천하에 드러난 것이다. 돈 앞에서 생명을 천대했다. 이것은 지도자나 선장에게 책임을 묻기 전에 우리 자신, 내 자신이 문제인 것이다. 자기 스스로가 돈에 생명을 판다. 팥죽에 장자권을 팔았던 에서처럼 자기 생명을 돈에 팔아버리는 세상이다. 이런 면에서 이 세상 모든 인간은 선장이다. 사람의 생명을 돈과 바꾸는 인간이다. 하찮은 이익에 생명을 던지는 종교 신앙이다.

기독교는 생명종교다. 교회는 생명구원이다. 기독교와 교회에서 다른 것을 구하지 말라! 생명을 구원하는 방주이다. 목사는 생명을 구원하는 복음을 가진 메신저다. **"물 좀 달라하는 이가 누구인 줄 알았더라면 네가 그에게 구하였을 것이요 그가 생수를 네게 주었으리라"**(10절) 우리가 구할 것은 생명이다. 당신이 교회에서, 목사에게 구할 것은 생명이다. 이 세상에서 생명의 복음을 가진 유일한 메시지는 교회와 목사뿐이다. 사마리아 여자는 생명을 찾았다. 앞으로 이 여자를 주목해야 한다. 예수 생명을 가진 여자다. 이 여자의 생명은 유대와 바리세인의 밭을 갈아엎어서 새 봄과 추수를 이루었다.

예수가 인간의 영생이다

세상 인생, 육체 인생의 한계는 길어야 7080이다. 그러므로 천국을 못 가면 불행한 인생이다. 이 세상 인생에게 구원의 길이 있다. 그리고 7080 인생에게 영원한 세계 '영생(永生)'이 있다. 사마리아 여자는 예수를 받음으로 7080 누더기인생을 벗고 화려하고 맑음, 그리고 순수하고 영원한 영생 인생으로 거듭나게 되었다. **"내가 주는 물을 마시는 자는 영원히 목마르지 아니하리니 내가 주는 물은 그 속에서 영생하도록 솟아나는 샘물이 되리라"**(14절)

예수가 영생수이다. 이 물을 마신 자는 다시 목마름이 없다는 사실이다. 사마리아 여자는 이제 목마름이 없다. 그녀는 성(性)과 속(俗)에 목마름이 없는 신령한 은혜 세계인 영생으로 들어간 것이다.

세상을 보라. 신앙세계, 교회세계가 얼마나 더럽고 추한지 모른다. 인간의 배설물, 세속의 속물, 세상 쓰레기, 썩은 물질에서 눈을 떼지 못하는 어리석은 종교세계를 보게 된다. 이제 우리는 사마리아 여자를 롤 모델로 배워야 한다. 추한 것과 비참한 옷을 예수 앞에 벗어버리고 영생수를 마셔야 한다. 그럼으로 남은 십자가의 길과 광야 인생에서 목마름이 없어야 한다.

신데렐라 여자
(요4:27-38)

'부족에서 나눔'으로

사마리아 여자는 모든 것을 탕진한 허탈한 여자다. 사마리아 여자는 어려서부터 세상에 나와서 보호되지 못하고, 상처로 얼룩진 불우한 인생이다. 세상에 탈진된 여자다. 이제 그녀는 더 이상 세상으로 나아갈 곳이 없는 파산 인생이다.

이런 그녀가 **"물동이를 버려두고 동네로 들어가서 사람에게 이르되"**(28절) 물동이는 그녀의 마지막 희망이다. 유일한 낙이다. 그리고 물동이는 남은 생계 수단이다. 이것을 버림, 이것을 놓음, 이것을 박차고 나간 것이다. '나눔'으로 나갔다. 사마리아 여자는 예수님을 만난 후에 생계 인생에서 나눔 인생으로 전환되었다. 동네에 도움이 되는 사람이 되었다. 그리고 사람들에게 섬김으로 다가갔다는 말씀이다.

생계 신앙, 생계 예배, 생계 교회가 문제이다. 이웃에게 있으나

마나한 교인, 사람들에게 유익이 되지 못하는 신앙은 안 된다. 우리 그리스도인들은 이웃과 사람들에게 도움이 되는 존재감을 보여야 한다. 이것이 사마리아 여자의 존재감이다.

'채움에서 증인'으로

목마른 여자, 실패한 인생의 상징이 되어버린 사마리아 여자이다. 자기 육체, 자기 목숨, 자기 인생도 감당하지 못하는 대표적인 세속 인물이다. 자기 갈급, 인생 갈급, 육신 갈급에 허덕이는 저급한 인생이다. 다시 말하면 자기 인생이 미달인 여자다. 자기 충족에 매달려서 채워지지 않은 부족한 여자다.

이런 여자가 예수를 만났다. 그리고 믿음의 사람이 되었다. 이 여자의 현상은 무엇인가? **"내가 행한 모든 일을 내게 말한 이 사람을 와서 보라 그리스도가 아니냐 하니"**(29절) 예수 만난 여자, 즉 예수 믿는 이 여자의 현상은 '메시지'를 가진 여자가 되었다는 것이다. 사람이 예수 믿으면 이전 것은 지나가고 새 것이 되어야 한다. 이제 신데렐라가 되었다. 과거가 없다. 이전 것은 없다. 메시지를 가진 하나님의 사람이 되었다. 그러면 이 여자의 메시지는 무엇인가? 복음이다. 예수 그리스도이다. 전에는 남편 물, 남자 물, 남성 물, 인간 물이었다. 이제는 예수 그리스도다. 유대 사회에 신데렐라, 강력한 증인이 되었다.

지금 우리나라 교회는 메시지가 없다. 설교에 메시지가 없다.

성경이 있다. 신학과 신앙이 있다. 그런데 어메이징(amazing)이 없다. 즉 놀라움, 흥미가 없다. 타락인간, 죄인에게 놀라운 은혜는 예수님뿐이다. 이것이 사마리아 여자의 어메이징이다.

'양식'을 나누는 여자다(34절)

제자들이 예수님에게 접근하여 무엇인가를 감지하였다. 먹을 것, 빵이었다. 배고프시고 시장하신 상태다. 그 분에게는 먹고 마실 것이 중요하지가 않았다. **"내게는 너희가 알지 못하는 먹을 양식이 있느니라"**(31, 32절) **"예수께서 이르시되 나의 양식은 나를 보내신 아버지의 뜻을 행하며 그의 일을 이루는 것이니라"**(34절) 의미심장한 말씀을 하셨다.

언제나 물질적 관점에서 사는 제자들에게 '나의 양식은 아버지의 뜻을 온전히 이루는 것이라'고 하셨다. 이것은 예수님이 육적 양식이 필요 없다는 것이 아니고 그것보다 더 큰 열정과 소망이 있다는 말씀이다.

지금 사마리아 여자도 이전에 육신 양식에서 새 양식에 이르렀다. 새 양식을 보았다. 이제 그녀는 영원한 양식을 나누는 여자가 되었다. 그는 소망의 눈, 영의 눈, 믿음의 눈이 열려서 물동이를 버려두고 생명 양식을 나누는 사역자가 되었다. 이제 사마리아 여자는 영원한 양식을 가진 사람이다.

사람이 열린 믿음이 없이는 '물동이'에 머무를 수밖에 없다. 이것이 교회문제, 신앙문제다. 육에 머무르는 교회, 물질에 매달리는 신앙을 보게 된다. 물동이 관점에 머무르는 교회는 희망이 없다. 이런 신앙은 예수 양식, 생명 양식을 누리지 못한다.

'추수'로 나서는 여자다(35절)

예수님은 추수하러 오셨다. 사실 그는 추수꾼이시다. 제자들은 추수가 멀었다고 생각한다. **"너희는 넉 달이 지나야 추수할 때가 이르겠다 하지 아니하느냐 그러나 나는 너희에게 이르노니 너희 눈을 들어 밭을 보라 희어져 추수하게 되었도다"** 여기서도 예수님과 제자들이 관점의 차이가 크게 드러난다. 제자들은 종말 관점이 없다. '희어져 추수할 때'가 되었음에도 그들은 느긋하다. 종말 교회, 종말 예배, 종말 신앙이 필요하다. 말세 즉 종말을 배제하면 기독교 신앙과 믿음은 이루어지지 않는다. 신선한 충격과 열정은 상황 끝을 봄으로 일어난다. 끝을 모르면 아쉬움도 없고, 절박함도 없게 된다.

사마리아 여자는 이제 추수꾼이다. 아쉬움의 소망과 절박한 열정을 가진 기생 라합같은 사마리아 여자이다. 이 여자에게 '뜻'이 생김, '이룸'이 생김, 그래서 추수로 나선 것이다. 추수 열정을 가진 신데렐라가 되었다. 이제 더 이상 시간이 없다. 다른 일에 인생을 허비할 여유가 없게 되었다. 아주 다급하게 되었다. **"너희 눈을 들어 밭을 보라 희어져 추수하게 되었도다"**

여유는 죄이다. 허비는 사치다. 종말이다. 추수 때이다. 이 시간이 지나면 다시 기회는 오지 않는다. 어리석은 망상을 버려라!

'열매'를 거두는 여자다(36절)

열매를 거두는 세상이 되어야 한다. 지금은 씨 뿌리는 시대가 아닌 것 같다. 심을 때가 지난 듯하다. 그러면 지금은 어느 시점인가? 심은 것을 거두는 시점이다. 열매를 거두어들이는 종말시대다.

기독교가 보는 진정한 열매는 무엇인가? 삶과 죽음에 관한 것이다. 구원이 열매다. 생명을 거두는 사역이다. **"거두는 자가 이미 삯도 받고 영생에 이르는 열매를 거두나니"** 사람의 주체는 생명이다. 성공출세 승리보다 생명을 존중해야 한다. 생명이 열매다.

이 세상 인생에서 열매가 무엇인가? 생명 외에 열매는 없다.

사마리아 여자는 생명 열매를 본 것이다. 그러므로 그녀의 존재감은 이제 생명을 거두는 위대한 사람으로 후반부가 활짝 열린다. 육신 물, 인간 물, 세상 물동이를 버려두고 생명 열매를 거두는 인생 후반부의 피날레를 장식하게 된다.

우리나라 교회문제는 생명 경시다. 생명구원이 기독교의 근본사명이다. 쓸데없는 사회운동, 어리석은 부흥성장 운동, 그리고 미련한 경제성장 운동 등은 이제 와서 보니 파괴와 파멸로 가게 하고 말았다. 사람들을 철저히 세속화시키는 누를 범하고 말았다.

그래도 희망은 교회와 기독교다. 선교사역으로 나아가서 종말신앙으로 생명 열매를 거두어야 한다.

우울한 인생
(요4:16-18)

착각이 무섭다

사람에게는 옹호하고 긍정하려는 억지가 있다. 어떤 문제나 사태를 바로보기보다는 좋게 보려는 심리가 있다. 그래서 사람들은 현재 인생을 망치게 된다. 이것이 사마리아 여자의 착각이다. 그녀가 가진 것이 없다는 것을 예수님이 아셨다. 이것은 비유이면서 현실이다. 보통사람들은 자기가 대단한 줄 안다. 현재 가진 것, 진행되는 것을 가지고 자기는 모든 것을 가진 사람이라고 착각한다. 사실은 다 떠날 것들이다. 이 세상에 내 것은 없다. 시간이 되면 나를 떠날 것이며, 때가 되면 홀로 남을 것이다.

"여자가 이르되 나는 남편이 없나이다"(17절) 이 말에 예수님이 동의하셨다. **"네가 남편이 없다하는 말이 옳도다"** 그리고 18절에 **"지금 있는 자도 네 남편이 아니니 네 말이 참되도다"** 우리도 이 동의에 이르러야 한다. 그리고 착각을 벗어나야 한다. 지금 있는 남편은 그림자다. 진정한 신랑은 예수님이시다. 그러므로 세상을 열심히 사랑하며 살되 집착하지는 말아야 한다.

믿음이 무섭다

대부분 사람들이 믿음에 속는다. 세상은 부모를 믿은 자식, 그리고 자식을 믿은 부모들의 혼란이다, 현실은 사람을 믿고 지도자를 숭배하는 어리석은 무너짐이다. 구원파 사람들은 유병언을 믿는다. 사람은 믿음의 대상이 아니다. 사랑할 뿐이다.

나는 교회 믿는 사람이 우려된다. 목사를 믿는 사람 걱정스럽다. 사마리아 여자가 계속해서 남편에게 집착하는 것은 이해는 되지만 좀 허접해 보이는 것이 사실이다. 사람을 좋아하는 것은 문제될 것이 없지만 지나치게 사람을 추구하는 것은 위험하다.

우리는 세월호의 슬픔을 끊어야 한다. 극복하고 넘어가야 한다. 안타까운 일이지만 받아들여야 한다. 그리고 일상으로 돌아가서 깊이 삭이는 성숙이 필요하다. 만약 이 아픔을 삭이지 못하면 또 다른 아픔이 우리에게 남는다는 것이다.

사마리아 여자의 사람 집착을 보라! 다섯 번, 여섯 번을 재시도 하였다. 이것은 이성(異性) 추구이면서 자기 인생 침몰이다. 어느 시점에서는 사람을 놓을 줄도 알아야 한다. 떠나는 성숙을 배워야 한다. 사실은 이것이 믿음 아닌가? 여기서 사마리아 여자는 예수께로 나아간다. 예배로 들어간다. 상(賞)을 바라보고 살아야 한다.

죄인 가운데 산다

사마리아 여자는 죄 가운데 묻혀서 인생을 살고 있다. 자기 인생 자체가 죄 가운데 있다. 그녀는 세상 죄인, 사회 죄인, 심지어는 신앙 죄인, 교회 죄인이다. 세상 모든 공동체에서 죄인이라고 제외된 여자이다. 가족은 물론 제자들에게도 죄인 취급되어서 유대 사회와 바리세인들에게 배제되고 있다.

사마리아 여자의 죄인됨은 무엇인가? 다섯 번, 여섯 번의 결혼과 다섯 명, 여섯 명의 남편이다. 이것이 그녀에게 죄인이 되게 하였다. 그 인생을 우울하게 만든 것이 사실이다. 과연 죄인일까? 여러 명의 남자와 결혼이 그녀를 죄인으로 매도하는 것이 과연 옳은 일인가? 나는 이 문제에 도저히 동의가 안 된다. 여기서 본문에 나타난 예수님을 보면 그녀를 긍휼과 자비로 다가가시는 것을 보게 된다. 불쌍히 여기시고 사랑하셨다. 영적으로 보면 그녀의 신랑 예수, 그녀의 남편 예수로 해석할 수 있다. 이것이 기독교가 가진 복음이다. 그녀를 깨끗하게 하시고 신분을 회복하신 예수님이다.

세상에는 스스로 죄인, 윤리 죄인, 신앙 죄인 그리고 감성 죄인이 많음을 알 수 있다. 사마리아 여자도 이 과에 있다. 스스로 죄인이 되어 산다. 그래서 사람 앞에 죄인, 사회에 죄인, 나아가 신앙과 교회 죄인까지 되어서 산다. 이것은 분명히 속는 거짓이다. 우리 모두는 예수님의 신부다. 스스로 신분 회복이 있기를 바란다. 여기서 기도와 예배의 회복이 있다. 인생 회복이 일어난다.

실패 가운데 산다

사마리아 여자를 보면 참 안타까움을 느낀다. 그녀는 실패자로 산다. 인생 실패자가 되어버렸다. 그녀는 철저히 패배감에 빠져서 사회와 사람들 속으로 들어가지 못하고 인스턴트가 없는 우물, 비즈니스가 없는 우물, 카페인이 없는 우물, 과학인간이 외면한 우물이 그녀의 주 활동무대다. 그녀는 인간들이 쳐놓은 그물에 걸려서 산다. 사회의 그물, 교회의 그물에 걸려서 패배자로 살고 있는 것이다. 여러 명의 남자가 실패인가? 결혼 실패는 인생 실패인가? 아니다. 이런 것들은 인간의 말과 시선일 뿐이다.

그러면 사마리아 여자를 우리는 어떻게 보아야 하는가? 인간들에게 당함이다. 베드로가 마귀에게 당했다. 바울 사도가 사탄에게 당했다. 그러므로 이들과 사마리아 여자는 피해자다. 즉 당한 사람들이다. 그녀는 육(肉)에 당하고, 성(性)에 당하고, 속(俗)에 당한 것이다. 이것이 연약한 인간이다. 우리 가족이다. 이것이 교회이며, 하나님의 사람이다. 그리고 성도의 실상이다.

그러므로 우리는 누구도 정죄할 수 없다. 예수님을 보라! **"없다 하는 말이 옳도다"**(17절) **"네 말이 참되도다"**(18절) 예수님은 그녀를 아신다. 이해하셨다. 그녀의 실상은 당한 것이었다. 그녀를 받아주셨다. 교회는 이 사실을 알아야 한다. 믿음 인생은 이 놀라운 은혜를 깨달아야 승리한다. 우리 신앙은 알고 있는가? 알아야 실패에서 벗어나서 예배로 나아간다.

허무 가운데 산다

인간은 공허하다. 그리고 인간은 허무하다. 지상 인간, 육신 인간은 헛되기 때문이다. 사마리아 여자는 우리 인생의 실제 롤 모델이다. **"네 남편이 없다하는 말이 옳도다"**(17절) 세상 인간이 가졌다고 단정할 수 있는 것이 없다는 말씀이다.

우리가 가진 모든 것은 잃을 것이다. 떠날 것이다. 때가 되면 다 놓을 것들이다. **"너에게 남편 다섯이 있었고 지금 있는 자도 네 남편이 아니니"**(18절) 지금 있는 것도 내 것이 아니라는 말씀이다. 그렇다고 여기서 인생을 부정적으로 보면 안 된다. 비관적으로 보면 안 된다. 오히려 긍정적이다. 그러므로 더 사랑하고 소중히 여겨야 한다는 메시지가 된다.

우리가 세상과 헤어짐의 약속 가운데 사는 것이다. 지금 사마리아 여자는 예수님과 만남에서 세상을 보는 눈, 인생을 사는 지혜가 열린 것이다. 잃어버림의 철학을 터득한 것이다. 여기서 인간은 공허와 허무를 극복하는 만물영장이 되는 것이다.

누가 인생의 허무를 극복하는가? 인간의 '옳음과 참됨'은 '지금 있는 것도 내 것이 아님'을 아는 것이다. 이 사실을 지도자들이 알아야 한다. 정치가 알아야, 물질이 알아야, 교회가 알아야 할 진리다. 이 사실을 인정해야 허무와 실패를 극복한다. 세월호 침몰에 신음하는 가족들, 선거 결과에 반응하는 사람들, 그리고 예배하는 사람들이 알아야 한다.

정상에 이른 여자
(요4:39-42)

과거를 벗어 버린 여자

모든 사람의 불행은 자기 과거에 묶여서 사는 것이다. 과거에 제한을 받고 사는 것이 인생 불행이다. 사마리아 여자의 과거는 부끄러운 실패였으나 예수 복음 안에서 새 생명, 즉 새 사람이 되었다. 이제 그녀는 거듭난 사람이다. 그러므로 사마리아 여자는 과거에 거하지 아니한다. **"다시 목마르지 않다"**(15절) 그리고 그녀는 **"예배로 들어갔다"**(23, 24절) 그녀는 세상 양식, 인간 양식, 물질 양식을 구하지 아니하고 '추수와 열매를 거두는' 현재적 인생으로 나선 것이다(36, 37, 38절).

사마리아 여자는 열매를 거두는 추수꾼이 되었다. 세상을 보라! 썩은 열매를 구하는 사람들, 헛된 것에 목숨을 거는 사람들, 사람에 목마른 사람들은 파괴에 이르는 세상이다.

우리가 구하는 것은 무엇인가? 현대인들은 사마리아 여자를 본

받아야 한다. 사람의 비극은 망상을 추구하는 것이다. 그런 화려한 헛된 것에 지금 과학인간이 매몰되어서 산다는 것이 슬프다.

진정한 신앙이란 하나님의 은혜를 받는 것이다. 예수님이 이루어주신 것을 거두는 것이 신앙이다. 우리가 세상에서 무엇을 이룬단 말인가? 다섯, 여섯 남편도 내 것이 아닌데 무엇을 얻고 이룬단 말인가? 이 세상에서 내 것은 없다는 사실이다.

미래를 향해 사는 여자

사마리아 여자의 지난날 인생은 어리석음이다. 남편에게 매달렸다는 것은 육(肉)에 매달림을 말한다. 성(性)에 매달림이다. 돈에 매달림이다. 이런 것에 매달림이 죄인가? 죄는 아니다. 어리석음이다. 이런 것들은 하나님이 우리에게 주신 귀한 은혜이다. 하나님이 주신 축복이다. 문제는 매달림이다. 중독이다.

사마리아 여자는 세상 중독, 성 중독에서 예수 만남으로, 영혼으로 나아갔다는 것이다. 지금 우리나라 교회의 문제는 이것이다. 영혼이 없는 신앙이다. 영혼에 무감각이다. 영혼에 무관심이다. 이것은 정말 비극이다. 이런 교회와 신앙은 2장 13절 이하에서 예수님이 채찍을 들고 내쫓으시고 엎으시는 상황과 같다는 것이다.

사마리아 여자가 버린 것을 추구하며 예배하는 오늘날의 교회는 아닌가? 우리 시대가 바라고 소망하는 것들을 벗어나서 사마리아 여자는 신실한 증인, 사람들을 축복으로 인도하는 증인, 당시 사회로부터 가장 큰 영향력을 가진 여성 지도자로서의 증인이 되었다(39절). 사람들이 그녀를 따른다. 이것은 존경한다, 본받는다는 의미다. 더럽고 추한 여자가 이제 당당한 리더가 되었다.

믿음의 증인

사마리아 여자는 믿음의 증거를 인생으로 보여준 것이다. 믿음의 행함을 생활에서 증거로 보여주었다. **"여자의 말이 내가 행한 모든 것을 그가 내게 말하였도다 증언하므로"**(39절) 믿음을 행했다. 믿음으로 살았다. 믿음으로 인생을 실천했다. 그러면 그가 믿음으로 행한 것은 무엇인가? '자유'이다. 과거에서 자유, 죄에서 자유, 실패에서 자유, 부끄러움에서 자유이다. 다시 말하면 용서의 자유이다. 죄사함에서 자유이다. 깨끗함의 자유, 의인의 자유에 이른 여자다.

우리도 세상에서 이런 여자, 이런 믿음, 이런 거룩함에 이르러야 한다. 순수한 신앙 자체다. 이런 여자에게서 권세가 나오며, 교회가 되며, 나아가 성령의 강력한 역사가 나타난다는 사실이다. 그 권세와 역사는 무엇인가? **"많은 사마리아인이 예수를 믿는지라"** 사마리아 여자를 따라 믿은 것이다. 그 여자의 믿음을 본받은 것이다. 그녀의 믿음에 영향을 받은 것이다.

당신은 믿음의 증거, 즉 믿음의 증언을 생활로 보여주고 사는가? 이 여자는 자유함으로 믿음을 보여주었다. 이제 그녀는 예수 외에는 자유한다. 과거에는 성(性)의 노예, 속(俗)의 종이었으나 이제는 자유하는 여자이다. 이것을 삶에서 인생으로 보여주었다. 그러므로 그녀의 믿음을 사람들이 공유하게 되었다. 자유함의 증인이다. 얽매이지 말고 자유하라!

예수의 증인

사마리아 여자의 인생에서 예수가 보인다. 그녀의 삶에서 예수가 보인다. 그녀의 언어에서 예수가 보인다. 그녀의 눈빛, 그리고 그녀의 인격에서 사랑과 소망이 보인다. 그녀는 열등감 많은 사마리아 사람들에게 존귀함을 보여준 것이다. 사마리아 사람이라는 것으로 소외되고 상처 받은 이들에게 높은 자존감을 보여주었다. 그것은 예수 자존감, 예수 존재감이다.

이 세상 최고의 자존감은 예수님이다. 예수는 나의 신랑, 나는 예수의 신부이다. 이 이상의 존재감은 세상에 없다. 이것이 사마리아 여자의 신앙이다. 여기에 많은 사람들이 그녀의 예수를 영접하게 되었다. **"사마리아인들이 예수께 와서 자기들과 함께 유하시기를 청하니"**(40절) 사마리아 여자에게 예수님은 절대적이다. 여기서 많은 사람들이 예수를 영접하고 환영하게 되었다. 그녀가 보인 절대적인 것은 무엇인가? 다시는 '목마름'이 없는 신앙이다(14, 15절). 그녀는 이제 세상에서 목마름이 없는 여자다. 그녀의 인생은 목마름이 없다. **"여자가 이르되 그런 물을 내게 주사 목마르지 않고 또 여기 물 길으러 오지도 않게 하옵소서"**

'다시 물 길으러 오지 않음' 교회는 물 길러 오는 사람들 때문에

망친다. 예배에 물 길러 온다. 기도가 물 긷기다. 이것은 한심한 신앙이다. 불행한 신앙이다. 여전히 교회와 신앙이 목마르다. 예수가 절대다. 만족이다. 영원한 생수다(10절).

부흥의 증인

교회 부흥의 산파 역할을 사마리아 여자가 하였다. 그녀의 증언으로 많은 사람이 예수를 믿었다(39절). 그런데 42절에서는 **"우리가 믿는 것은 네 말로 인함이 아니니"** 그녀는 말로 증언했을 뿐이다. 그녀는 역할자다. 다시 말하면 그녀가 한 일이 아니고 예수 말씀의 역사라는 것이다.

기독교 역사, 믿음 역사는 사람이 한 일이 아니다. 교회 역사는 인간이 한 일이 아니다. 하나님이 하신 역사이며, 성령님이 하신 일이다. 그럼에도 불구하고 교회 역사를 보면 어느 목사, 어느 장로, 어떤 성도가 했다고 주장한다. 잘못된 신앙이다. 하나님이 하신 일이다. 목사가 개척해도 목사가 한 일이 아니다. 기독교회 역사를 보면 다 하나님이 하셨다는 사실이다.

여기서 부흥 역사, 전도의 역사가 일어나는 것이다. 우리 인간은 지체일 뿐이다. 모든 역사의 주체는 하나님이시다. 부흥이 어디서 멈추는가 하면 사람이 주체가 될 때이다. 사마리아 여자는 증언했을 뿐이다. 그녀는 쓰임 받은 종일 뿐이다. 하나님이 주체, 즉 하나님이 주인되시는 교회가 부흥한다는 말씀이다.

제8장

⋮

완성하기

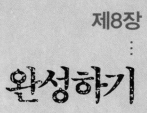

"

교회는 누구나 평등하다. 가진 자와 가지지 못한 자가 평
등한 곳이 교회다. 의인과 죄인이 평등한 곳이 교회다. 교
회는 강북과 강남이 없다. 교회는 잘난 사람과 못난 사람
이 동등하다. 그러므로 교회 공동체는 어떤 사람도 차별
하거나 구별해서는 안 된다. 물이 낮은 곳으로 흐르듯이
하나님 사랑은 낮은 곳으로 임한다.

"

사랑과 은사
(고전13:1)

선진국은 경제나 복지로 보면 안정된 나라, 모든 기능과 인프라를 갖춘 사회, 법과 질서를 확립한 나라다. 그런데 내부적인 면과 내면을 보면 행복이 없으며, 개인적 즉 이기적이며, 따뜻함이 없는 차가운 사회이다. 잘 차려 입은 아름다운 인형이나 마네킹 같다. 그 속에 따뜻함이 없다. 인간미, 즉 정이 없다. 그리고 모든 관계는 '거래'이다. 부모 자식도 거래, 사회와 국민도 거래, 결혼도 거래, 부부도 거래, 심지어는 종교 신앙도 거래다. 믿음도 거래, 하나님과도 거래다.

고린도교회는 하나님 은혜가 충만하다. 성령의 은사를 가진 신실한 교회다. 그리고 훌륭한 지도자가 있는 교회다. 더 나아가 열정을 가진 뜨거운 교회다. 다시 말하면 충만한 교회, 신령한 교회, 은혜와 은사로 균형 잡힌 이상적인 교회다.

그런데 고린도교회가 시끄럽고 요란한 교회다. 잘 익은 열매인데 물렁물렁하다. 단단하지 못한 교회다. 보기에는 훌륭하고 뜨거운 교회인데, 바울이 진단한 고린도교회는 건강하지 못한 교회, 즉 병든 교회였다. 나이트클럽 같은 교회, 카바레 교회다. 모든 사람이 열광하고 기뻐하는데 생명이 있는 교회, 건전한 교회는 아니었다.

무엇이 이런 좋은 교회를 병들게 한 것인가? '사랑 부재'이다.

그러면 사랑은 무엇인가? 하나님 사랑이다. 하나님 사랑은 사람을 귀히 여기는 사랑이다. 죄인을 사랑하신 하나님 사랑이다. 고린도교회는 죄인을 사랑하는 하나님 사랑이 없는 교회이다.

하나님의 교회는 사람을 위한 교회다. 사람을 귀히 여기는 교회가 하나님 교회이며, 하나님이 원하시는 교회다.

보수주의 교회는 하나님을 위한 교회로 간다. 이런 교회는 하나님 우상숭배다. 세속주의 교회는 사회와 세상을 향해 나아간다. 그래서 기독교가 사회에 크게 공헌했으나 바른 교회는 아니다. 그러면 바른 교회, 즉 하나님께서 원하시는 교회는 무엇인가? 사람을 목표로 하는 교회다. 사람을 귀히 여기는 교회가 진정한 교회이다. 사람, 다시 말해 죄인을 사랑하는 교회가 완전한 교회라는 말씀이다.

하나님 사랑은 '사람 사랑' '죄인 사랑'이다. 이 사랑에서 에덴동산을 주셨으며, 방주를 지으라 하셨다. 택한 백성을 사랑하셔서 아브라함, 야곱, 모세, 다윗 등 귀한 선지자를 주셨다. 그리고 죄인 사랑, 인간 사랑에서 하나님 자신이 인간의 몸으로 세상에 오셨다. 이것이 메시아 예수님이다. 지금도 하나님은 인간 사랑 사역으로 교회를 세우시고, 목사님을 부르신다. 그리고 성도들을 택하고 계시다는 사실이다.

사랑이 없으면 혼란하다

사랑이 없는 사람은 혼란에 빠진다. 사랑이 부족하면 사람이 불안정에 거한다. 세상을 보라! 어떤 사람이 안정되게 사는지를 보면 '사랑'이다. 부자, 좋은 집, 멋진 자동차가 아니다. 사랑하는 사람, 사랑받는 사람이다. 이런 사람은 풍요롭다. 그리고 안정적이다.

"사랑이 없으면 소리 나는 구리와 울리는 꽹과리가 되고"(1절) 세상은 사랑이 없어서 혼란이다. 사람은 사랑이 부족해서 곤고하다. 이렇게 보면 자연은 산소가 에너지, 피조물은 물이 에너지, 인간 세상은 사랑이 에너지다.

이 세상과 인간사를 보면 좋은 소리, 기쁨의 소리에 불과하다. 영양가가 없으며 에너지가 없다. 맹물 소리, 헛소리. 생명 없는 잔치이다. 시끄러울 뿐 그 속은 아무것도 아니다.

'방언과 천사의 말' 얼마나 귀한 은사인가? 정말 귀한 소리, 아름다운 말이다. 그런데 사랑이 없으면 꽹과리라는 것이다.

당시에는 존경받는 사람이 웅변가였다. 신령한 방언과 달콤한 천사의 말이 고린도를 지배하는 시대이다. 그런데 바울의 말은 투박하고 잔인하다. 무서운 말이었다. 그런데 놀라운 것은 고린도가 바울의 소리, 즉 말에 감동했으며 그 사회를 지배하였다. 무엇이 이런 역사를 이루었는가? '사랑'이다. 무섭고 잔인했으나 그의 말은 사랑이었다.

사랑이 없으면 일시적이다

지금 우리나라 교회를 보면 은사가 죽었다. 한때 방언과 예언의 은사가 뜨겁게 타오르다가 꽃을 피우지 못하고 지고 말았다. 은사 교회, 은사 목회, 은사 집회 등 우리가 은사를 얼마나 사모했는지 모른다. 그런데 지금은 은사의 흔적도 없다. 원인이 무엇인가? 사랑 없는 은사는 일시적이라는 사실이다. '천사의 말' 즉 하늘의 신령한 은사라도 소리나는 구리와 울리는 꽹과리처럼 순간적으로는 사람을 깜짝 놀라게 할 수 있지만 곧 사라지고 만다.

그렇게 귀한 은사들이 교회에서 외면당하고, 지금은 기억하는 사람도 없는 상태다. 사랑이 없으면 사람들의 기억에서도 사라진다는 것이다. 지난날에 얼마나 우리나라 교회에 은사가 쏟아졌는가? 역사에 전무후무한 은사를 하나님이 우리나라 교회에 허락하신 것이다. 그런데 지금 우리나라 교회는 그런 기도원, 교회, 집회에 식상해서 다시 생각하지도 않는다. 왜 이렇게 은사가 외면당하는 것일까?

내가 사랑이 없으면 내가 가진 은사가 무용한 것이 될 것이다. '천사의 말'이 무용이듯이 우리의 업적과 헌신, 그리고 교회됨이 외면될 것이다. 역사는 사랑 없는 공로와 위대함을 기억하지 않는다.

사랑이 없으면 무익하다

은사 무익이다. 모든 능력이 헛되다는 말이다. 우리는 북한의 지도자인 김일성, 김정일을 부인하고 인정하지 않는다. 그런데 북한은 위대한 지도자들이라고 우상화한다. 우리에게는 적이지만 그들은 사랑의 아버지로 보기 때문이다. 역사는 사실을 밝힐 것이다.

지도자를 기억하는 것은 결국 사랑이다. 사랑이 아니면 스탈린도 끌어내린다. 지금 세상을 보라! 절대자가 없다. 과거에는 절대 지도자, 절대 아버지, 절대 목사가 있었다. 지금은 사랑 없는 아버지를 자식들이 끌어내리는 시대다. 사랑 없는 지도자에게 등을 돌린다. 심지어는 사랑 없는 교회와 목사도 끌어내리는 세상이 온 것이다.

역사는 예수님을 기억한다. 십자가에 죽은 예수, 배신당하고 버림받은 예수를 잊지 못하고 있다. 사랑이다. 죄인 사랑, 죄인을 위해 사심, 죄인을 위해 죽으심, 아가페 사랑이다. 가난한 사람들을 위해 사셨다. 죄인들을 위해 자기를 버리셨다. 예수가 메시아로 기억되는 것은 신학과 신앙이 아니다. '사랑'이다. 그 사랑이 21세기까지 이어지고 있다.

바울의 메시지는 천상의 존재인 '천사의 말'이라 할지라도 사랑이 없으면 그러한 모든 은사들은 결국은 아무런 의미도 없다는 것이다. 신앙을 중요시하지 말라! 업적과 공로를 자랑하지 말라! 우리에게 남는 것은 사랑이다. 사랑은 영원하다.

사랑과 능력
(고전13:2)

사랑이 유(油)이다

사랑은 모든 것을 가능케 하는 '기름'이다. 기름은 모든 것에서 최종 동력이다. 기름이 능력이다.

사람을 목사로 가능케 하는 능력도 기름이다. '기름 부으심' 즉 성령이다. 죄인을 그리스도인으로 가능케 하는 것 역시 기름이다. 강퍅한 인간을 거듭남으로 변화시키는 능력도 기름, 즉 성령이다. 교회를 교회되게 하는 능력도 기름이다.

그런데 여기에 중요한 사실 하나가 있다. 이렇게 중요한 능력 즉 기름 부으심을 무익하게 만드는, 교회를 무용하게 만드는, 다시 말하면 고린도교회의 능력과 지식 그리고 믿음을 무력화시키는 무서운 바이러스가 있다(2절). '사랑'이다. **"내가 예언하는 능력이 있어 모든 비밀과 모든 지식을 알고 또 산을 옮길 만한 모든 믿음이 있을 지라도 사랑이 없으면 아무 것도 아니요"** 여기서 '사랑이 없으면'이다. 사랑 없는 신령한 예언과 지식 그리고 믿음의 능력이 아무것도 아니라는 말씀이다.

'사랑이 없으면' 정치 역사, 지도자 역사, 세상 역사, 교회 역사, 그리고 우리 인간사까지 아무것도 아니라는 것이다. 이것이 세상사와 인간사에 나타난 현실이다. '사랑이 없으면' 위대한 사람, 업적, 공로, 나아가 뛰어난 능력이 물거품이 되고 만다는 것이다.

사랑이 모든 것을 가능케 한다. 돋보이게 한다. 세상 인간사를 보라! 사랑만 남는다. 사랑 없는 것은 다 희석되어 버린다.

사랑이 덕(德)이다

고린도교회는 능력이 탁월한 모범적인 교회이다. **"예언하는 능력이 있어 비밀과 지식을 알고"**(2절) 신실한 교회이며, 신령한 영성을 가진 성도들이다. 과학과 일반적인 지식으로 알지 못하는 비밀을 아는 영성을 가졌다. 하나님 말씀 속에 감추어진 비밀과 지식을 알고 그것을 드러내는 것이다. 다시 말해 하나님 계시를 성령을 통해 깨달은 사람들이다.

그리고 고린도교회는 **"산을 옮길 만한 믿음"**을 가졌다. 믿음의 능력을 가진 것이다. 이런 훌륭한 교회가 무의미하게 되었다는 것이다. 이유는 무엇인가? '사랑이 없으면'이다. 신령한 지식, 하나님 은사, 권능의 믿음이 **"아무 것도 아니요"** 아무런 의미가 없다는 말씀이다. 은사가 은사되는 것이 사랑이다. 능력이 능력되는 것이 사랑이다. 교회가 교회됨도 사랑에서다.

우리가 가진 능력과 지식, 그리고 믿음에는 덕이 있어야 한다. 그 사회와 이웃, 그리고 사람들에게 덕을 세워야 한다. 교회가 사회에 덕이 되어야 한다. 내 믿음이 다른 사람에게 덕이 있어야 한다. 그 덕은 사랑이라는 것이다. 보통사람들이 가진 능력은 자랑과 무시, 그리고 교만으로 나타난다. 여기서 말하는 덕은 은혜로, 사랑으로 나타나는 것이다. 진정한 마음으로부터 나오는 감사가 덕이다. 덕이 무엇인가? 자신이 가진 능력과 지식, 그리고 믿음을 가지고 이웃을 섬기는 것이다. 고린도교회는 사랑이 부족함으로 그 사회에 덕이 되지 못한 것이다.

사랑이 미(美)이다

고린도교회의 아쉬움은 크다. 모든 능력을 가지고 무너져버린 상태다. 예언의 능력이 무너졌다. 하나님의 계시를 아는 지식을 가지고 무너졌다. '산을 옮길 만한 믿음'을 가지고 추하게 추락한 것이다. 좋은 은사와 훌륭한 능력을 가지고 진흙탕이 된 것이다. 얼마나 아쉬운가? '사랑이 없으면' 귀한 능력들이 추하게 된다는 사실이다.

지금 우리 시대의 현상이다. 부자, 기업인, 정치인, 지성인들은 분명히 우리 시대의 귀한 인물이다. 그런데 이런 사람들이 사회에서 지탄의 대상이다. 국민들이 불신을 한다.

교회도 마찬가지다. 이 세상에 은혜와 사랑이 교회이다. 교회는 정말 축복이다. 교회 없는 세상, 교회 없는 인생은 끔찍하다. 이런 귀한 교회가 지금 천주교나 사찰만큼도 존경을 받지 못하고 있다. 왜 이런 현상인가? 교회가 사랑이 없다는 것이다. 의미가 있고, 가치가 있으며 선한 것이라도 사랑이 없으면 사람들은 외면한다. 사회와 인간의 최종 선택은 아름다움이다. 아름다움이 무엇인가? 사랑이다. 사랑의 사람이 아름답다. 사랑의 신앙이 아름답다. 사랑의 교회가 아름답다. 꽃의 아름다움은 향기다. 자연의 아름다움은 신선함이다. 그러면 인간의 아름다움은 무엇인가? 사랑이다.

기독교가 말하는 사랑은 '아가페 사랑'이다. 아가페 사랑은 세속적인 문헌에서는 없는 단어이다. 아가페 사랑은 하나님 사랑을 말한다. 하나님이 이스라엘 백성을 선택하시고 그 백성에게 보여준 자비로운 행위의 사랑이 아가페 사랑이다.

아가페 사랑은 하나님이 그 아들 예수 그리스도를 타락한 죄인 인간에게 보내셨을 때 절정에 이른다. 아가페 사랑, 즉 하나님의 사랑은 이렇게 진지함과 섬세함을 포함한다.

독생자 아들을 죄인에게 내어주는 사랑이다. 이 사랑은 인간에게서 볼 수 없는 사랑이다. 얼마나 섬세한 사랑인가? 우리가 은혜 받은 사람으로서 이런 섬세한 사랑 즉 하나님 사랑, 다시 말하면 아가페 사랑을 행위로 세상에 보여주어야 한다. 교회가 가진 사랑은 거래 사랑, 좋은 사람 사랑, 선한 사람 사랑 아니다. 타락한 인간 사랑이다. 교회가 세상을 사랑, 이웃을 사랑하는데 있어서 그들의 조건은 없다. 하나님 사랑으로 죄인, 악인, 부패한 세상 사랑이다. 사랑하는데 조건이 붙는다면 그것은 하나님 사랑이 아니다. 아가페 사랑은 아무런 조건이 없는 사랑이다.

이 세상 교회 실패는 아가페 사랑 결여다. 부모 사랑이 세속적이다. 자식을 사랑하는데 그 사랑이 조건적이다. 공부 잘하고, 선하고, 훌륭할 때 사랑은 세속적 사랑이다. 하나님 사랑, 즉 아가페 사랑은 죄인 사랑이다. 무조건적인 사랑이다.

교회가 가진 사랑이 세속적이다. 돈 있는 사람 사랑, 좋은 신앙 사람 사랑, 믿음 있는 사람 사랑, 훌륭한 사람 사랑은 세속적 사랑이다. 이런 사랑의 교회는 죽는다. 사회로부터 외면당한다. 하나님의 다윗, 베드로, 바울 사랑을 보라! 모든 죄를 용서하는 사랑이다.

우리는 하나님의 사랑, 즉 아가페 사랑을 받은 사람으로서 누구도 정죄하거나 미워할 권리가 없다. 하나님이 용서하신 죄인을 누가 정죄한단 말인가?

하나님 사랑, 아가페 사랑은 '자기 비하'이다. 만왕의 왕이신 하나님이 사람의 육신을 입고 이 세상에 오심, 그리고 '종'이 되심, 죄인을 섬기심, 이것이 십자가 사랑, 하나님 사랑, 아가페 사랑이다.

우리에게 아가페 사랑이 있는가? 세속 사랑은 거짓 사랑이다. 아가페 사랑은 '종'이다. '섬김'이다.

사랑과 희생

(고전13:3)

구제와 선행이 무익하다

'구제'는 하나님이 원하시는 최고의 선이다. 그리고 구제는 종말 신앙의 중심이다. 나아가 구제는 하나님 심판에서 가장 중요한 포인트다(마25:31-46). 우리가 인생을 살면서 구제는 반드시 실천해야 할 부분이다. 이웃 사랑, 즉 구제는 구약의 율법을 넘어서는 새 계명이다. **"네 이웃을 네 몸과 같이 사랑하라"** 이 말씀에서 이웃 사랑과 내 몸 같이 사랑은 구제로 해석할 수 있다. 이렇게 구제는 우리에게 하나님의 계명, 즉 그 분의 명령이다. 우리는 어떤 경우라도 이웃을 구제해야 한다는 사실이다.

그런데 본문 3절에서는 구제가 자기에게 무익하다는 말씀이다. 여기에 인간의 부패함이 있기 때문이다. 정치적 의도가 있는 구제를 지적하는 것이다. 정치인들이 선거철이 되면 안 하던 선행을 한다. 재래시장에 가서 생선장수 손을 잡아주고, 독거노인 집에 들어가서 위로도 한다. 그리고 연탄을 나르기도 한다. 이런 것은 의도가 순수하지 못한 자기 목적을 달성하기 위한 선행이다. 장삿속 선행, 자기 이름 내려는 구제, 자기 개인 목표를 달성하기 위한 선행이 세상에는 대부분이다.

예수님 사랑의 구제는 인간 사랑이다. 객관적 사랑이다. 사람을 긍휼이 여기는 자비 사랑이다. 이런 자비 **"사랑이 없으면 내게 아무 유익이 없느니라"**(3절) 하나님 사랑의 구제, 사람 사랑, 자비 사랑이 축복이다.

경제적 희생이 무익하다

돈을 바르게 사용하는 지혜가 필요하다. 사람은 돈을 어디에 사용하느냐가 그 사람의 정체성일 가능성이 높다. 돈을 대하는 태도가 그 사람의 믿음일 가능성이 있다. 이런 면에서 우리 그리스도인들은 긴장하지 않을 수가 없다. 세상 사람들은 돈 믿음이다. 사도행전에서 나타난 아나니아 부부가 대표적이다.

이 세상 정치 외교를 보라! 세계평화를 내걸고, 질서를 내세우면서 돈 외교다. 최고지도자가 돈 외교를 한다. 이제는 스포츠도 돈이다. 세계 강국들이 북한을 향해 미사일 핵무기를 포기하면 돈을 주겠다는 것이다. 일본도 북한과 손을 잡고 경제지원을 하려고 한다. 이렇게 보면 경제적 도움, 경제적 지원, 경제적 희생에 사랑이 없는 것이다. 그런 지원과 도움에는 옵션이 있다.

사랑이 없는 희생, 사랑이 없는 헌신, 사랑이 없는 도움 세상이 되었다. 사랑이 없는 지도자, 사랑이 없는 권력, 사랑이 없는 선생님, 심지어 사랑이 없는 종교가 되었다. 이제 우리나라는 사랑이 없는 교회가 되어서 국민, 즉 교인들이 실망하고 있다.

"내게 있는 모든 것으로 구제하고 또 내 몸을 불사르게 내줄지라도 사랑이 없으면 아무 유익이 없느니라" 자기 것을 주는 희생 헌신도 무익할 수 있다. 사랑의 마음이 없는 정욕적 희생, 헌신의 세상이다. 그러므로 무의미하다는 말씀이다.

인생 희생이 무익하다

이 세상에 고귀한 희생이 부모 사랑이다. 타락한 세상, 부패한 인간에게서 보여주는 진정한 사랑이 어머니 사랑이었다. 어머니의 사랑이 모든 사람의 가슴에 에너지로 남아있는 것이 현실이다. 어머니의 사랑은 세속에 물들지 아니한 참 사랑이었다.

어머니의 사랑은 본문이 말하는 **"내 몸을 불사르게 내어주는"** 십자가 사랑, 하나님 사랑이다, 어머니 사랑은 맑다. 어머니 사랑은 생명 사랑이다. 어머니 사랑은 예수님 사랑이다. 타락한 인간에게서 보여주는 기독 사랑이다.

그러면 어머니 사랑의 독특함은 무엇인가? 순교적 사랑이다. 내 몸을 희생하는 사랑이다. 다시 말하면 인생을 내어놓는 사랑이다. 바울이 말하는 본문은 자기 몸을 불에 던지는 헌신의 극치를 나타낸다.

이런 사랑이 세상에 있는가? 있다. 어머니에게 있다. 교회에 있다. 선교사에게 있다. 기독교에 있다. 이런 사랑이 이단 종교에서 많이 나타난다. 그런데 여기에 위험이 있다는 말이다. 무익, 즉 무의미할 수 있기 때문이다. 거짓 사랑, 무지 사랑, 어리석은 사랑으로 고귀한 인생이 희생될 수도 있다. 이 세상에는 그와 같은 일들이 종교신앙과 사랑으로 행해지나, 사실은 그곳에 진정한 사랑이 결여될 수 있으며, 자기를 과시하려는 정욕일 수 있다는 의미이다. 이런 희생은 무익하다는 것이다.

왜 무의미가 되는가? 선과 구제 그리고 희생에서 문제는 '동기'이다.

인간사랑은 '투자'적 개념이 강하다

자식에게 투자를 한다. 이것이 순수하지 못한 동기다. 사람에게 투자를 한다는 것은 보기에 참 신선한 일이다. 분명히 우리는 사람에게 투자를 해야 한다. 이것은 상당히 높은 의식인 것은 사실인데, 동기가 순수하지 못할 수 있다는 것이다. 투자는 엄밀히 보면 사랑이 아니기 때문이다. 투자는 사업이다. 투자는 장사다. 내가 이것을 투자하면 앞으로 나에게 얼마가 돌아온다는 기대로 투자를 하게 된다.

여기서 분명히 해야 할 것은 사람은 투자의 대상이 될 수가 없다는 사실이다. 자식에게 투자는 사업적이다. 다시 말하면 장사하는 것이다. 자식을 키우고 공부시키고 성공하게 하는 것이 사업수단이 되어서 인간 세상은 혼란이며, 충돌이다. 자기에게 이익금을 배당하라는 것이다. 이것은 반기독교적인 것이다. **"생육하고 번성"**하게 하는 것이 사랑인데, 개인의 이익을 위한 것은 사실은 사랑이 아니다. 그러므로 무의미하다는 말이다.

하나님 사랑은 '심음' 씨뿌림이다

우리는 하나님 사랑을 배워야 한다. 하나님 사랑은 온전하다. '되게' 하는 사랑이다. 축복되게, 사람되게, 의인되게, 교회되게, 세계화되게, 천국사람되게, 복의 근원이 되게 하는 사랑이다.

하나님은 우리를 보내신다. 가서 제자 삼으라는 것이다. 증인이 되라! 파수꾼이 되라는 것이다. 어항 속에서 1등 하고 잘 먹고 살라는 것이 아니다. 우리에게는 하나님의 선교명령이 있다. 흩어지는 선교의식이 필요하다. 가정 지키고, 마을 지키고, 교회 지키고의 인생이 아니다. '씨' 인생이다. 뿌려지는 인생, 심어지는 인생이다.

이제 우리 그리스도인들은 종말인생을 살아야 한다. 종말사랑이 필요하다. 내 인생 밖의 사랑, 가정 밖의 사랑, 교회 밖의 사랑이 필요하다, 그것은 '추수꾼'의 사랑이다. 생명 사랑, 영혼 사랑이다, **"사랑이 없으면 내게 아무 유익이 없느니라"**(3절)

친절함의 사랑

(고전13:4)

사람의 분위기

사람은 분위기를 추구한다. 분위기에 민감하다. 그리고 사람은 분위기에 끌려간다. 그래서 '분위기 음악'이 있다. 영화나 드라마를 보면 분위기 음악을 사용한다. 행사장이나 이벤트, 시사회 등에 분위기 음악이 등장한다. 그리고 '분위기 조명'이 있다. 상품이나 건물 양식, 나아가 화려한 분위기를 연출하는 것이 조명이다. 조명은 상태를 극대화시킨다.

교회에 분위기가 있다. 신앙의 분위기도 있다. 불교 분위기는 고전과 전통이 강하다. 천주교 분위기는 안정과 고요함이다. 여기서 관심은 기독교 분위기다. 이 부분에서 각자의 견해가 다르겠지만 나는 기독교 분위기가 '경건함'으로 본다. 하나님의 거룩한 성품이다. 기독교는 행위와 일보다는 하나님의 영에 의한 성품이다.

고린도교회의 아쉬움이 하나님의 성품이었다. 다시 말하면 경건의 능력이 부족한 것이다.

그러면 하나님 성품, 즉 경건은 무엇인가? 고린도교회는 한 시대의 대단한 열정 은사와 뜨거운 은혜로 끝나버린 것이다. '오래 참음'의 사랑이 없어서 오래 지속하지 못하고 화려하다가 이내 무너진 것이다(4절). **"사랑은 오래 참고"** 우리나라 교회가 대단한 열정, 뜨거운 신앙이 사그라지는 모습이다. '사랑은 오래 참음'이다. 세상은 오래 참음이 아니면 교회와 신앙도 무너진다는 사실이다.

사람의 향기

모든 사람에게는 향기가 있다. 느낌의 향기다. 기억의 향기다. 무형의 향기가 사람에게 있다. 그것은 친절함이다. 사람에게서 나오는 친절함의 향기는 세월이 가도 흐려지지 않는 기억으로 남는 것이다. 친절 역시 하나님의 성품, 즉 경건이다.

4절 본문에서는 '온유함'이다. **"사랑은 온유하며"** 이 온유함이 인간이 가진 최고의 능력이며, 경건이다.

고린도교회는 그들이 가진 은사와 은혜가 온유함으로 승화되지 못하고 열성과 독선에 무너지고 말았다.

하나님의 영에 의한 은사와 신앙은 사랑을 이루는 것이다. **"사랑은 온유하며"** 우리의 신앙이 온유함에 이르러야 한다. 사람은 온유함에서 지속성을 가진다. 신앙이 온유함에 이르지 못하면 공동체를 이룰 수가 없다. 우리는 사회공동체, 이웃 공동체, 사람 공동체를 이루어야 한다. 이것이 우리 목표이며, 교회의 목적이다.

온유함의 사랑에서 이루어지는 공동체이다. 온유함의 사랑에서 세상을 이룬다. 목표를 이룬다. 그리고 승리를 이룬다.

'오래 참음'의 친절

"오래 참고"는 하나님의 자비를 가장 잘 표현하는 말이다. 로마서 2장 4절에 **"그의 인자하심과 길이 참으심이 풍성함을 멸시하느냐"** '하나님의 참으심의 풍성함' 이것이 우리를 인도하심이며, 그분이 우리에게 가지신 인자이다. 이 오래 참으심에서 우리 인간이 회개하였다. '참으심이 풍성함'이 하나님 사랑이다. 이 사랑에 바울이 회개한 것이다.

고린도교회는 이런 하나님의 사랑이 없었다. 여기서 은사 신앙과 불타는 열정이 **"아무것도 아니요"**가 되고 말았다(2절).

사랑이 없으면 우리의 능력과 산을 옮기는 믿음도 사회성이 없는 것이 되고 만다. 여기에서 하나님이 주신 위대한 신앙들이 사회적 지속성을 유지하지 못하고 무너지는 것이다.

사탄의 세계와 거짓 종교는 이것을 안다. 악인들은 이 사실을 발견한다. 그래서 이런 이단들이 사회공동체를 이루고, 큰 민족을 이루는 것이 세상 현실이다. 사탄의 종교들이 사회 깊숙이 파고들면서 그들이 가진 목적을 달성하고 있다. 거짓 신앙과 거짓 종교는 천사로 과장하고 사회에서 환영받는 주류사회를 이루고 있다. 그들이 가진 사랑은 거짓이다. 사냥꾼의 사랑이다. 그 사랑에 걸려들면 그 사회와 인간은 파멸이다. 그런데 이런 거짓 사랑에 사회가 철저히 빠져들고 있다는 사실이 오늘 간과할 수 없는 기독교의 두려움이다. 이런 불행한 안타까운 현실이 우리 눈앞에서 벌어지고 있다.

하나님 사랑을 깨달은 교회가 되어야 한다. 그 사랑은 이웃과 사회를 향한 자비, 즉 친절로 나타내는 것이다. 세상은 친절이 통한다. 인간은 친절에서 감동된다. 한국 교회는 이런 사회를 향한 친절이 있었는가? 부족한 것이 사실이다. 외형적 성장에 그동안 몰두했다. 이것 역시 사회에서 필요한 경쟁력이다. 이제는 하나님 사랑인 친절로 이웃과 사회에 다가가야 한다.

'온유함'의 친절

21세기는 디자인(design) 시대이다. 사실 모든 분야의 디자인은 기독교가 주도하였다. 건축물이나 공업제품, 패션과 실용미술, 조형미술들이 사실은 기독교 문화이다. 저는 어려서부터 영화를 통해서 세계를 보았고, 역사를 보았다. 그리고 하나님을 알게 되었다. 디자인을 영화가 주도한다. 지금도 선진국을 여행해보면 최고의 건축물들이 다 교회이다.

사람은 비주얼(visual) 시대다. 사람의 아름다움을 시각적으로 주도하는 것은 얼굴이다. 나는 서양 영화를 보면서 인간의 아름다움을 발견하게 되었다. 거기서 본 인간의 아름다운 얼굴은 '분위기'였다. 분위가 있는 얼굴과 분위기가 없는 얼굴이 있다. 동양인의 단점은 미인 얼굴인데 분위기가 없다. 서양 얼굴에는 분위기가 넘친다. 차이는 서양 얼굴에는 여유로운 분위기다. 이런 분위기가 기독교, 즉 그리스도인의 분위기인 것을 발견하였다.

고린도교회는 하나님의 아름다운 은사와 은혜를 다 가진 사람들이다. 그런데 이들에게서는 분위기가 보이지 않는다.

분위기가 주도하는 세상이다. 분위기가 세상을 주도한다. 이것이 기독교이며, 교회이다. 세속 분위기는 상업 분위기다. 축제 분위기다. 월드컵 축구 분위기다. 세상은 교회 분위기, 인간은 그리스도인의 분위기를 가져야 한다. 그것은 **"온유함"**이다(4절). 온유함의 분위기는 거룩한 분위기다. 정말 아름다운 분위기다. 이 분위기가 하나님 분위기, 영의 분위기, 형상 분위기, 속성 분위기다. 나아가 온유함의 분위기는 고난 분위기, 십자가 분위기, 예수님 부활 분위기다. **"다 이루었도다"**의 승리 영광 분위기다.

그러면 이 분위기의 적용은 무엇인가? **"평안"** 평강이다. 이 평안이 은혜의 정상이다. 능력의 정상이 평안이다. 믿음의 실제가 평안이다.

공동체적 사랑
(고전13:4)

이웃 공동체 교회

사람을 위한 공동체로서의 교회다. 사람이 모이는 교회다. 하나님이 원하시는 교회는 사람을 사랑하는 교회다. 사람을 사랑하고 존중하는 공동체, 사람에게 봉사하고 섬기는 공동체로서의 교회가 진정한 교회이다.

세상은 끼리끼리 공동체를 이룬다. 고향 사람끼리, 동창끼리, 좋은 사람끼리, 맞는 사람끼리, 부자끼리, 나아가 편한 사람끼리, 여기서 편을 가르고, 구역이 나뉘어서 강남 사람이니, 강북 사람이니 하는 것이 세상이다. 이것은 어쩔 수 없는 현실이다. 이런 상황은 문제로 보기보다는 자연스러운 현상으로 받아들여야 한다.

여기서 문제는 교회다. 교회는 누구나 평등하다. 가진 자와 가지지 못한 자가 평등한 교회다. 의인과 죄인이 평등한 교회다. 교회는 강북과 강남이 없다. 교회는 잘난 사람과 못난 사람이 동등하다. 그러므로 교회 공동체는 어떤 사람도 차별하거나 구별해서는 안 된다. 물이 낮은 곳으로 흐르듯이 하나님 사랑은 낮은 곳으로 임한다. 교회 공동체는 낮은 곳의 사람에게, 소외된 사람에게 집중하는 것이 맞다. 고린도교회는 은사와 신앙에 치중했다. 우리나라 교회는 자기 충족에 치중했다. 여기서 이웃 공동체로서 실패했다.

사회 공동체 교회

태백산맥이 우리나라의 동선, 즉 맥이다. 세계사, 서양사에 나타난 사회 주류를 형성하는 부류가 있다. 기독교회다.

유럽과 선진국, 즉 세계 경제와 지식을 주도하는 국가들의 동선이 기독교다. 기독교회가 주류를 형성하는 것을 알 수 있다.

그러면 우리나라의 주류는 무엇인가? 역시 기독교다. 선교사들, 목사들이 우리나라를 개화시킨 것이 현실이다. 우리나라를 세계화시키고, 선진화를 이루고, 정치 민주화를 달성하게 했다. 나아가 세계를 한류화시키고, 문화예술 즉 음악과 영화가 유럽과 미국 시장에서 센세이션 상품이 되게 한 것이 기독교이다. 과거 기독교는 이렇게 우리나라가 세계화하는데 일등공신인 것이 사실이다.

지금의 기독교회는 어떤가? 고린도교회와 매우 유사하다. 뜨겁고 화려하다가 잎만 무성한 우리나라 교회가 아닌가?

하나님 교회는 세상에서 주류가 되어야 한다. 다시 말하면 교회

가 사회화되어야 한다는 것이다. 사회에 기여하는 교회로 가야 한
다는 말이다. 지금 우리 사회의 예민하게 반응하는 국민적 이슈가
무엇인가? 사회와 국민들에게 기여하지 못하는 기업, 학교, 병원
은 퇴출이다. 여기에 교회가 걸린 것이다. 구원파 같은 교회는 사
회에서 퇴출이다.

평범한 사랑 공동체 교회

사람은 자신도 모르게 무엇인가에 몰입하는 성향이 있다. 대부
분의 사람들은 뭔가에 꽂혀서 산다. 뭔가에 빠지는 위험이 있다.

당신은 무엇에 몰입하며 사는가? 그 몰입에서 우리 인생이 파괴
될 수 있다는 것이다. 특히 종교와 신앙이 몰입의 위험이 있다. 종
교와 신앙에 빠지는 중독성이 강하다. 컴퓨터가 우리에게 주는 편
리함이나 효율성은 대단한 것이다. 컴퓨터는 우리가 필요에 따라
활용하는 것이지, 거기에 빠지는 현상 즉 중독이 되면 치명적인
파괴에 이르게 된다.

고린도교회의 문제가 이것이다. **"시기하지 아니하며"** 사랑은 시
기하지 아니한다. 여기서 '시기'는 '열심히 바라다'이다. '열심'이
'시기'를 유발하는 것이다. 공동체의 삶을 파괴하는 일방적인 열
성, 열정, 열심이다. 여기에 인생 위험과 교회 위기가 있다는 사실
이다. 일방적인 열성, 독선적인 열정, 그리고 분별력 없는 열심에
서 개인 인생은 물론 가족 공동체와 사회공동체를 파괴하는 치명
적인 현실이 지금 교회 안에서 일어나고 있다.

평범한 열정, 평범한 신앙, 신사적인 열심에서 비범(非凡)이 나온다. 평범에서 높은 수준과 뛰어남이 나온다. 평범에서 비상(非常)이 나온다는 말이다. 이런 일방적 열심이 이단 거짓 교회의 문제이며, 공동체 파괴이다. 평범한 열심, 남들이 공감하는 열정이 필요하다.

겸손한 사랑 공동체 교회

하나님의 은혜, 그리스도의 영, 성령의 은사는 겸손을 기반한다. 겸손으로 나타나지 않는 것은 나쁜 영 즉 사탄의 영, 거짓 영일 가능성이 높다. 이런 영들은 사람을 우쭐하게 하며, 공동체를 혼란스럽게 하는 특징을 가지고 있다.

고린도교회를 보면 온갖 은혜와 은사를 받았으나 덕이 되지 못하였다. 마치 그들은 특권의식에 빠져서 자기들이 하나님을 독점하는 것처럼 오만하게 자랑하였다.

"사랑은 자랑하지 아니하며" '자랑하다'는 철학자들이 사용하는 용어로서 자기를 과시하며 뽐내는 것을 말한다. 자랑한다는 것은 자기 지식과 소유에 의존하여 남을 비교하고 그것으로 자기를 높이는 것이다. 이것은 반기독교 사상이며, 청지기 의식 즉 종 의식이 결여된 아주 어리석은 사람이다. 하나님을 알고, 인간을 알면 사람은 자랑할 것이 없게 된다.

우리가 자랑할 것이 있다면 그것은 하나님 은혜이다. 자랑할 것이 있다면 그것은 하나님께 감사해야 하는 것이다. 인생 자랑, 세상 자랑은 영혼을 파괴하는 무서운 악이다. 죄인이 자랑할 것이 무엇인가? 자랑한다는 것은 분명히 잘못된 신앙이다.

이런 자랑에서 교회 공동체, 은혜 공동체, 사랑 공동체가 무너지는 것이다. 자랑은 경계할 나쁜 영이다.

순수한 사랑 공동체 교회

교만한 모습은 고린도교회의 성령주의자들의 모습을 가리킨다. 우리 시대에도 성령 운동하는 사람들, 은사주의자들과 신비주의자들 가운데 이런 영적 교만에 잡힌 사람들을 보게 된다. 이런 사람들은 독선과 아집에 사로잡혀서 교단과 교회 공동체에 합류하지 못한다.

"교만하지 아니하며" 우리는 그리스도인으로서 신앙을 예의주시해야 한다. 교만은 하나님의 영이 아니기 때문이다. 이유여하를 막론하고 하나님의 영은 순수함 자체다. 구약시대의 야곱이나 모세 그리고 다윗, 나아가 신약시대의 베드로나 바울 사도를 보면 어리석고 잔인한 악인들이지만 그들에게서 하나님의 영이 보이는데 그것은 '순수함'이다.

이런 것이 고린도교회의 아쉬움이다. 하나님 은혜와 은사, 그리고 성령의 역사 가운데 그들은 교만하게 되었다. 그리스도인은 신앙이 깊어질수록, 영적으로 무르익을수록 어린아이가 되어야 한다. 순수한 신앙을 말한다. 최고의 신앙은 어린아이다. 그리고 최고의 영은 순수함이다. 순수함이 사랑이며, 순수함이 능력이다.

공익적 사랑
(고전13:5)

자기를 극복하기

자기 프라이드가 필요하다. 자기에게서 자유하는 인생을 살아야 한다. '자기애(自己愛)'가 문제다. 나는 이것이 사회적인 문제, 민족의 문제로 보인다. 자기가 잘되어야 한다는 사상은 문제다. 반기독교 정신이다. 자기를 내려놓음, 자기를 버리는 철학의 종교 신앙이 필요하다. 만물의 영장인 인간은 남을 생각하고, 사회를 이루고, 공동체의 이익을 생각하는 정신이 진정한 영장다움이다.

나는 영화 〈명량〉에서 우리 민족의 한계를 보았다. 강한 지도자, 영웅 리더, 능력 있는 지도자를 원한다. 국민이 원하는 지도자는 이순신 같은 지도자다. 비이성 지도자다. 비현실적 지도자다. 세계화된 지도자가 필요한 시대이다. 미래형 지도자가 요구된다. 국제적인 감각을 가진 지도자를 원해야 한다. 꿈을 만드는 지도자가 필요한 시대다.

우리는 그리스도인이 되어야 한다. 예수를 따라 섬기는 사람을 말한다. 섬김으로 이웃을 만들고, 섬김으로 사회공동체를 만드는 사람이다. 사람을 위한 그리스도인, 세상을 위한 그리스도인이다. 내 성공, 내 가족에게 행복, 내 가정 잘 살기는 그리스도인이 아니다. **"이웃을 네 몸같이 사랑하라"**

자기 한계를 넘기

사람은 육체의 한계가 있다. 신체적 단점이 있다. 육신의 연약함이 있다. 이런 자기 한계를 넘어섬으로 진정한 자아가 형성되는 것이다. 보통사람들을 보면 이 부분에서 이성적 자아, 우주적 자아, 영적 자아가 무너지고 만다는 사실이다. 귀한 믿음의 자아가 무너지는 것을 보게 된다. 얼마나 안타까운 현실인가?

구원파 유병언을 생각해보자. 자기 한계에 걸려서 무너진 사람이다. 자기를 넘어서지 못한 사람이다. 그러므로 지도자답지 못함, 어른스럽지 못함, 자기 단점, 자기 열등감에 갇혀서 산다. 잘난 척, 강한 척, 센 척, 특별한 척하면서 사진을 찍고, 격파술을 보이고, 힘으로 사람을 제압하면서 자기를 과시한다. 그러면서 자기의 작은 신체적 치수를 커버하려 든다. 어린아이가 하는 짓을 어른이 하니 한심한 광대다.

바울은 **"나의 나 된 것은 하나님 은혜로다"**라고 고백했다. 시편에서 다윗은 **"주께로 말미암음"**이라고 찬양하고 있다. 인간에게는

하나님 은혜가 크다. 하나님 은혜를 빼면 바울이나 다윗은 아무것
도 아닌 것이다.

사람을 대우하기

최고의 인권단체가 교회다. 세상 법에서도 범죄자가 보호되는
곳이 교회다. 절이나 성당 그리고 교회 안에 있는 사람에게는 공
권력이 미치지 않는다. 우리가 성경을 보면 성 안에 사는 사람, 성
전 안에 있는 사람을 철저히 존중하고 보호한 것을 알게 된다.

이렇게 세상에서도 종교 교회를 존중하고 보호한다. 하물며 교
회에서 사람을 공정하게 대우하는 것은 당연한 일이다. 교회에서
사람을 공정하게 대우하지 않는다면 이 세상은 정말 삭막하다. 강
도의 소굴이다.

고린도교회는 이런 면에서 사랑이 없는 교회가 되었다. 바울 사
도가 보는 고린도교회는 부당한 교회였다. 그래서 그 교회에게 주
는 메시지가 5절에서 **"무례히 행하지 아니하며"** 고린도교회는 무
례한 교회였다. 사람을 부당하게 대우한다는 의미다. 사람들에게
군림하는 교회로 보인다. 이 세상 종교와 교회가 사람들에게 군림
한다면 지나친 비약인가? 이것은 기독교회가 아니다. 교회이기를
포기한 거짓 교회다. 기독교회를 벗어난 사교집단이다.

이런 면에서 우리 시대의 교회를 보면 우려를 금할 수가 없다.
예수님의 교회는 사람을 섬기는 교회, 봉사하는 교회, 즉 사람을
대접하는 교회이다. 사람을 공정하게 대접하는 곳이 교회다. 사람

을 대접하면 교회다. 아니면 교회라도 교회가 아니다. 이런 면에서 교회를 분별할 필요가 있다.

사람을 유익하게

고린도교회는 이기적인 교회가 되어버렸다. 자기들이 누리는 교회, 자기들끼리 나누는 교회이다. 이것이 교회를 파괴하는 무서운 영적 바이러스다. 이 바이러스에 종말 교회들이 감염된 것 같다. 진정한 예수님의 교회는 이웃과 함께 누리고, 세상과 함께 나누는 교회다. 그래서 이웃을 유익하게 하고, 세상을 축복되게 하는 것이다.

이것이 그리스도인의 기업정신이다. 국민을 위한 기업, 사람을 위한 기업이다. 그런데 세상은 권력을 위한 기업이다. 가진 자를 위한 지도자다. 가난한 사람과 나누고 누리는 기독정신이 실종되었다.

기독교회는 사람을 유익하게 하는 것이다. 그러므로 사람을 이용하는 교회는 안 된다. **"자기의 유익을 구하지 아니하며"**(5절) 사랑은 그리스도가 행한 것처럼 다른 사람의 평안과 구원을 힘써야 한다. 교인을 위한 교회이지, 교인을 희생시켜서는 안 된다.

사람을 사랑하기

진정한 교회는 사람을 위하는 교회다. 이것이 하나님이 원하시는 교회이다.

"성내지 아니하며 악한 것을 생각하지 아니하며" 하나님의 사랑은 다른 사람들과 다투고 화내지 않는다. 하나님 사랑은 다른 사람의 허물을 덮어주고 친절하게 대하는 것이다. 세상 사랑은 이기적이다. 하나님 사랑은 용서이다. 이 세상 사랑은 용서가 없다. 그래서 다투고 분열한다. 사랑하는 사람들과 원수이다.

우리는 하나님 사랑을 알고 배워야 한다. **"악한 것을 생각지 아니하며"** 순수한 사랑이다. 음모가 없는 사랑이다. 그런데 세상 사랑, 인간 사랑에는 음모가 있다. 자녀 사랑에 음모, 부부 사랑에 음모, 친구 사랑에 음모, 사람 사랑에 음모가 도사리고 있다는 말이다. 그래서 사랑이 두렵다. 거기에 악한 음모가 있기 때문이다.

심지어는 종교 사랑, 교회 사랑에도 음모가 있다. 구원파의 음모, 유병언의 음모가 무섭다. 여기에 걸리면 죽는다. 패가망신이다.

그래서 지금 사람들은 '사랑하지 말자'이다. 교회는 다니되 사랑하지 말자, 예배는 드리되 사랑하지 말자, 사랑 없는 신앙이 되어 버렸다. 사랑 없는 세상이다.

그러나 하나님 사랑은 진실이다. 그리고 사실이다. 하나님 사랑이 교회다. 하나님 사랑이 목사다. 주위에 하나님 교회가 있다. 주변에 하나님 사랑을 가진 목사가 있다. 이것이 희망이다.

7

진리의 사랑
(고전13:6)

'기쁨' 조심하기

모든 인간은 타락한 상태다. '전적 부패' 이것이 근본인간이다. '부패한 마음' '부패한 생각'을 가진 사람이다. 이런 부패한 마음과 부패한 생각을 가진 의인이다. 부패한 마음과 부패한 생각을 가진 종교다. 인간은 종교나 신앙 또는 어떤 경건과 의(義)에 이른 사람도 부패한 마음과 부패한 생각을 가지고 있다는 사실이다. 다시 말하면 이 세상 모든 인간은 부패한 마음과 부패한 생각을 벗어나지 못한다는 말이다. 부패한 마음과 부패한 생각에서 기독교다, 지도자다, 의인이다, 그리고 교회다.

그러므로 이 세상, 즉 사람은 믿을 수 없다. 미안하지만 부모도 믿을 수 없다. 종교를 믿어도 안 된다. 좋은 목사님이나 성인 교황도 믿어서는 안 된다. 왜인가? 본인의 의도와는 상관없이 인간은 한 사람도 예외 없이 타락한 사람이기 때문이다.

'기쁨' 경계하기

이 세상에는 거짓 기쁨을 만드는 집단이 있다. 대표적으로 종교와 정치권력이다.

예배와 설교를 가지고 인위적인 기쁨을 만든다. 이것은 어느 면에서 보면 사람들을 미혹하는 선동이다. 이것을 건전한 교단의 교회와 목사님들이 한다는 사실은 경계할 사항이다.

이 세상을 사는 사람들의 근본 문제는 '경건' 부족이다. 부패하고 타락한 인간에게는 경건이 능력이다. 경건해야 참고 인내하면서 믿음에 이르고, 영적싸움에서 승리한다는 것이다. 그러므로 경건한 예배, 경건한 설교, 경건한 교회로 가야 한다.

타락한 정치권력은 언제나 이벤트를 벌여서 국민을 위로하고 기쁨을 주는 행사를 한다. 대단한 업적이 될 만한 일을 만든다. 올림픽이나 월드컵을 개최한다. 또는 엑스포대회, 빌리 그래햄 초청, 교황 같은 사람을 데려다가 엄청난 종교행사를 벌인다. 이런 것에 사람들이 열광하는 것이 안타깝다.

민주 정부, 좋은 대통령, 절대 권력을 가지고 건전하지 못한 행사 정치를 한다는 것이 안타깝다. 울어야 할 때는 울어야 한다. 고통을 당할 때는 고통을 당해야 한다. 용서를 빌 때는 무릎을 꿇어야 한다. 진통제 처방의 정치 종교는 안 된다.

불의를 기뻐하지 아니하며

인간의 문제는 기쁨이다. 타락한 기쁨, 즉 부패한 기쁨을 좋아하는 것이다. 나쁜 기쁨이다.

이렇게 된 원인은 타락이다. 우리는 타락한 인간으로 태어났다. 타락한 조상의 후예들이다. 타락한 피를 타고난 것이다. 그래서 인간은 불의를 기뻐하는 체질이다. 다른 사람의 불의를 기뻐한다. 남의 불행을 즐기는 성품이 모든 사람에게 있다.

이런 불의를 기뻐하는 쓴 뿌리를 제거해야 한다. 어떻게 쓴 뿌리를 뽑는가? 예수의 피, 예수의 영, 성령 충만으로 가능하다. 교육으로 안 된다. 훈련으로 안 된다. 지식으로 안 된다. 신앙으로 안 된다. '성경 말씀' 즉 '성령 충만'으로 가능하다.

우리나라 교회가 성령 충만에 대한 오해가 있다. '영'으로 생각하는 것이다. 신비주의로 흐르는 경향이 있다. 체험과 은사로 성령 충만을 생각하는 신앙이 많다. 무엇이 진정한 성령 충만인가? 성령의 지속적인 지배와 인도를 받는 것을 의미한다. 성령 충만함이란 감정적인 황홀경이 아니다, 하나님의 말씀에 굳게 서는 것이다. 말씀의 지배, 말씀에 따라 순종하는 것이다.

"불의를 기뻐하지 아니하며" 세상은 불의의 이익, 불의의 성공, 불의의 기회, 불의의 권력 그리고 불의의 종교가 만연되어 있다. 문제는 불의가 크다, 불의가 주류다, 불의가 대세라는 것이다. 그러므로 이 불의를 떠나면 불이익, 소외, 외면 등 사회에서 성공하지 못한다는 사실이다.

이런 불이익을 감수하고 불의를 거부하고, 나아가 적극적으로 대항하는 것이 기독교회이다. 교회와 그리스도인은 불의를 거부하며 미워한다. 여기서 교회와 그리스도인이 세상의 빛과 소금이 되는 것이다. 우리는 세상에서 불의를 거부하는 교회가 되어서 나라와 사회를 지키는 파수꾼이 되어야 한다.

진리와 함께 기뻐하고

언제나 진리는 작은 것, 낮은 것이다. 그러므로 사회적으로 진리는 초라하다. 그럼에도 불구하고 교회와 그리스도인들이 진리 편에 서는 것은 진리에는 '생명'이 있기 때문이다. 생명이 없으면 아무것도 아니다. 생명을 잃으면 부귀영화도 의미가 없다.

천하를 호령하는 정치권력이나, 엄청난 업적을 가진 바티칸이나, 세계를 지배하는 종교나, 건전한 기독교라도 거기에 생명이 없다면 그것은 존재감이 없는 것이다. 아무런 의미도 없다.

진리는 예수 그리스도이다. 그가 신령해서 아니다, 그가 존귀해서 아니다, 그가 능력이 있어서도 아니다, 그가 승리자여서도 아니다. 그러면 예수가 진리라는 근거는 무엇인가? '생명'이기 때문이다. **"나는 길이요 진리요 생명이라" "나를 믿는 자는 죽어도 살리라"** 예수님은 부활생명이다. 영원한 생명이다. 생명의 예배이다. 생명의 말씀을 가진 목사이다. 생명의 복음을 전하는 교회이다. 이 설교 메시지에서 당신의 진리가 선명해지기를 바란다. 진리의 예배, 진리의 목사, 진리의 교회인 것은 그 사역이 진리 사역, 즉 생명 사역이기 때문이다.

"진리와 함께 기뻐하고"는 교회와 기뻐하는 것이다. 예배와 함께 기뻐하는 것이다. 목사와 함께 기뻐하는 것이다. 교황처럼 훌륭해서 아니다. 신부처럼 경건해서 아니다. 좋은 일을 해서도 아니다. 바르고 깨끗해서도 아니다. 생명의 진리이기 때문이다.

진리와 함께 기뻐하시기를 바란다. 히브리서 11장에 나타난 믿음의 성도들은 진리와 함께 기뻐하였다. 사도들은 예수를 따르며 기뻐하였다. 초대교회 성도들은 기독교 핍박과 함께 기뻐하였다. 우리나라 교회의 초석이 된 선조들은 순교신앙으로 기뻐하였다.

지금 우리나라 교회 성도들은 진리와 함께 기뻐하는가? 교회를 판단하지 말라! 목사들을 외면하지 말라! 그들과 함께 기뻐해야 한다. 이것이 **"진리와 함께 기뻐하고"**의 믿음이다.

8

견디는 사랑
(고전13:7)

'정치'를 견디어야 한다

우리 인간사, 세상사에는 정치의 괴로움이 있다. 사람이 모이는 사회, 사람이 사는 세상에는 정치가 필요하다. 그래서 국민의 위임받은 지도자가 국가와 영토를 발전시키는 일을 한다. 그런데 여기에 정치문제가 발생하게 되어 있다. 국가의 지도자가 국민 전체를 충족시키지 못하는 한계이다. 어느 면에서는 소외도 가능하다. 어느 지역이 피해를 입을 수도 있다. 바로 이런 문제가 정치적으로 불가피하게 나타나는 현실이어서 지역감정이니, 지도자 불신이 일어나게 되는 것이다.

필요한 정치, 필요에 의해 세워진 지도자에 대한 불신이 발생하는 것은 자연스러운 현상이다. 어떤 훌륭한 사람이 지도자가 되어서 정치를 해도 다 충족은 불가능함으로 정치 불신과 불만은 있게 마련이다. 이 부분을 국민이 이해하는 정치 분위기가 우리 시대에 요구되는 현실이다. 다시 말하면 세상에는 정치 괴로움은 불가피한 것이다. 피해갈 수가 없는 현실이다.

그러므로 정치 괴로움을 받아들여서 견디는 성숙한 정치의식의 문화가 필요하다. 지금까지 우리나라의 정치 역사에서 오는 괴로움을 선배 국민들이 견딤으로 오늘의 자랑스러운 대한민국을 이루었다. 필요한 정치 괴로움이니 우리는 잘 견딤으로 미래를 건설하자!

'가난'을 견디어야 한다

마음이 아픈 것은 경제적인 문제로 가정이 흔들리고 해체되는 것이다. 우리 역사의 정상에 선 부류가 어머니들이다. 모진 가난을 연약한 몸으로 견디면서 가정을 지키고 자녀를 품은 것이 기반이 되어서 오늘의 대한민국을 이룬 것이다. 세계사에 우리 어머니들의 자랑이다.

가난이라는 괴로움은 현실적으로 부딪치는 가장 비참한 것이다. 우리는 여기서 경제 믿음, 경제 신앙을 가져야 한다. 아무리 어렵고 비참한 가난도 감당할 수 있다는 믿음이다. 우리가 견디면 하나님은 감당하게 하신다는 말씀이다. 가난의 문제는 견디어야 한다. 세상을 승리한 사람들, 경제적으로 성공한 사람들, 가난을 극복한 사람들의 특징은 '견딤'이다. 견디면 새로운 환경이 열리는 세상이다. 우리는 이 세상을 살면서 견딤으로 감당해야 할 것이 슬픔, 가난, 사건사고다. 이 시간에 세월호에 희생된 유가족들도 마찬가지다. 이 슬픔과 괴로움을 견디면 더 좋은 세상이 열리는 것이다. 그러므로 이 괴로운 슬픔을 가슴으로 삭이고 일상으로 돌아가는 성숙이 필요하다. 너무 길게 슬픔에 머무르면 나라 전체가 문제가 된다.

'교회'를 견디어야 한다

교회를 떠나면 안 된다. 교회를 등지면 안 된다. 교회를 무관심하면 안 된다는 사실이다. 성경에 나타난 히브리 민족과 유대인들, 그리고 그리스도인들을 우리는 배우고 본받아야 한다. 그들은 성전 중심, 나아가 교회 중심의 인생살이였다. 그들이 핍박을 당하고 순교를 각오하면서 사수하고 지킨 것이 교회이다. 교회가 위로이며, 교회가 소망이다. 그래서 교회를 바라보면서 눈물의 찬송과 감사를 드린 것이 시편이다.

우리가 후손들, 즉 후대에 물려줄 유산이 교회이다. 교회 없는 세상은 그야말로 광야이다.

우리 그리스도인들은 교회의 타락, 교회 부패, 교회 세속화, 그리고 교회의 비윤리를 견디어야 한다. 사람이 모이는 곳, 즉 사람이 하는 일들은 다 타락하고 부패하게 되어 있다. 교회요, 목사라도 사람이다. 성령의 사람, 하나님의 사람도 죄인이며 인간이다. 사람은 문제가 있게 되어 있다. 이런 문제를 감당하고 견딤으로 교회를 지켜야 한다. 이것이 역사이며, 기독교회이다.

문제를 견뎌서 교회다. 부끄러움을 견디어서 축복이다. 핍박을 견딤으로 승리다.

"모든 것을 참으며 모든 것을 믿으며 모든 것을 바라며 모든 것을 견디느니라"(7절)

견딤으로 참음이다

견딤의 인내, 견딤의 참음이다. 견디면 참는다. 사람들은 참지 못해서 무너진다. 참지 못해서 실패이다. 대부분의 범죄자나 경솔한 행동을 하는 사람들이나 쉽게 포기하는 사람들의 특성이 참지 못하는 데 있다. 인격을 가지고 무너진다. 훌륭한 신앙을 가지고 실패한다. 이유는 참지 못해서다. 견디지 못해서 참지 못하는 것이다. 우리는 견디는 영성이 필요하다. 기도로 견디는 신앙을 가져야 한다.

지금 우리나라 교회는 풍랑을 만난 듯하다. 이 교회 풍랑을 견디어야 말세를 승리한다. 교회 떠나서 신앙 지키는 것 불가능하다. 교회 밖에서 믿음 지키는 것 기대하기 어렵다. 그러므로 교회를 견디는 영성신앙이 필요하다는 말이다.

견딤으로 믿음이다

우리는 하나님을 견디어야 믿음이 된다. 우리는 교회를 견디어서 믿음에 굳게 선다. 우리는 말씀을 견디어야 진짜 믿음이다. "모든 것을 믿으며"는 견딤으로 해석할 수 있다. 견딤이 최고의 영성이다. 견딤이 최고의 경건이다. 다시 말하면 견딤이 최후의 능력이다. 견디지 못하는 믿음은 절대로 복에 이르지 못한다는 사실이다.

구약에 아브라함, 이삭, 요셉, 모세, 다윗 등 위대한 믿음은 다 견딤에서 완성이었다. 히브리서 11장에 믿음의 선조들도 무서운 환란과 핍박을 견딤으로 열매가 되었다. 견디지 못하면 믿음이 안 된다.

이 시대의 낙엽 신앙, 낙엽 교회를 보라! 견디지 못해서 낙엽이다. 견디지 못하면 교회에서 떨어진다는 것이다.

견딤으로 이룸이다

자연의 모든 식물들, 미생물에 이르기까지 그것들은 모진 위기와 위험을 견디어서 존재의 섭리에 이르게 된다. 인간 세계도 마찬가지다. 견디어서 밥이 된다. 견디어서 가치에 이른다. 견딤으로 스토리가 된다. 견딤으로 교회가 된다.

견딤이 없이 이 세상에 되는 일은 하나도 없다. 견디어서 선진국가다. 견디어서 기업이다. 견디어서 반석이다. 견딤에서 존경이다. 역사도 마찬가지다. 교회 하나님 나라도 그렇다. 견딤에서 만들어진다. 견딤에서 세워진다. 견딤으로 건설이다.

세상사는 어렵다. 인간사는 미로다. 의지승리는 한계가 있다. 우리나라와 교회, 그리고 우리의 미래는 누구도 장담하지 못하는 불확실이다. 그러나 분명한 것은 견딤이다. 견디는 자의 승리다. 견디는 자의 천국이다. 견디는 자의 구원이다.

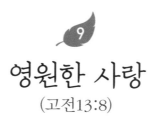

영원한 사랑
(고전13:8)

사랑의 우월성(1-3절)

인간에게서 나오는 가장 우월한 것이 사랑이다. 사랑보다 우월한 것은 없다. 다른 피조물보다 뛰어난 인간인 것은 사랑이다. 마찬가지로 하나님의 우월성도 사랑이다. **"하나님은 사랑이시라"** 하나님만이 사랑이시다. 이 세상에는 사랑이라고 결정적으로 말할 수 있는 것이 없다. 사실 어떤 사람을 일컬어서 사랑의 사람이라고 말할 수 있는 사람은 이 세상에 한 사람도 없다. 순 사랑은 없다. 진짜 사랑은 없다. 교회도 100% 사랑은 아니다. 목사도 진짜 사랑은 아니다. 부족한 사랑이다. 부분적 사랑이다. 연약한 사랑이다. 그리고 상대적 사랑일 뿐이다.

기독교가 우월하다는 것이 하나님만이 사랑이라는 것이다. 하나님이 인간 예수로 오신 사랑이다. 이 예수만 믿고 따르라는 것이 기독교 신학이다.

1-3절의 천사의 말, 산을 옮기는 능력의 믿음, 구제와 어떤 희생도 사랑과는 비교가 안 된다. 사랑이 가장 우월하다.

사랑의 완전성(4-7절)

경제에 속음, 정치에 속음, 인간에게 속음은 사실 있을 수 있는 일이다. 어떻게 보면 이런 것에 속고 속이고 사는 세상이다. 그런데 종교에 속음은 안 된다는 것이다. 경제나 정치, 나아가 인간에게 속는다는 것은 세상 일일 뿐이다. 그러나 종교 즉 신앙에 속음은 영원한 치명타가 되기 때문이다.

이 세상에 완전한 진리는 성경이다. 그리고 예수님이다. 교황이나 목사 그리고 교회는 성정을 가진 타락한 죄인이며, 인간이다. 여기서 중요한 것은 그들이 전하는 복음이다. 예수 그리스도의 완전한 복음을 전하는 사람과 교회를 존경하는 것이다. 미소, 인격, 성품, 업적을 가지고 판단하지 말라! 이런 것들은 사실 아무것도 아닌 것이다. 이런 것들보다 완전한 것은 그들이 가진 복음이다.

사랑의 영원성(8-13절)

바울은 이제 사랑의 영원성으로 결론에 이르고 있다. **"사랑은 언제까지나 떨어지지 아니하되"** 사랑은 끝이 없다. 다시 말해서 사랑은 영원한 것이다.

우리의 교회는 영원해야 한다. 우리는 영원한 신앙을 가져야 한다. 영원한 인생을 소망하는 것이다. 기독교의 탁월함은 영원성이다. 시대적으로 영웅이나 성공을 추구하지 않는다. 이런 것들은 세속종교가 하는 짓이다. 진정한 종교는 물질적 승리, 육체적 성공이 아니다. 그런 일시적인 것들이나 세상적인 것이 아니다. 부활 승리, 영원한 승리를 보는 것이다. 죽음 전의 승리가 아니고, 죽음 후의 구원 승리를 믿는 것이다.

이 시간 분명히 말씀드린다. 우리 인생, 즉 내 인생을 영원으로 인도하라는 것이다. 이 세상 다음 하나님 나라로, 육신세계에서 영혼세계로, 죽음을 넘어 영생천국으로 나를 인도하는 사랑이 필요하다. 먼저 내 사랑, 내 인생 사랑, 내 생명 사랑이다.

예언 위에 사랑이다

고린도교회 문제는 '예언'이었다. 마찬가지로 우리나라 교회가 20, 30년 전에는 '예언'이 절대 신앙은사로 추앙되었다. 마치 그때 우리나라에 민주화의 바람이 거세게 일어났듯이, 교회는 예언의 바람이 몰아쳤다. 그 시절 건전 교단에서는 예언을 이단이라고 했다. 그런데도 부흥회나 기도원에서는 신령한 영적체험이라고 고집을 부렸다.

그런데 지금 와서 보면 다 부질 없는 짓이었다. 저질 신앙이었다. 그 예언에 속고, 당하고 — 이제 와서 보니 부끄러운 무식한 신앙 자체였다. 여기에 많은 사람들이 당했다. 그리고 교회들이

휘둘렸다. 창피한 일이다.

　그러면 진정한 신앙은 무엇인가? 사랑이다. 사랑만이 영원하다. 예언 위에 사랑이다. 최고의 은사는 사랑이다. 사랑만이 사람을 온전케 한다. 사랑만이 교회를 영원하게 한다는 사실이다. **"예언도 폐하고"**(8절) 초보신앙, 미숙할 때 필요한 은사다. 장성하면 폐한다는 말은 쓸모없게 된다는 말씀이다. 이제 와서 보니 폐기물에 열정을 가진 격이다. 영원한 사랑에 몰입해야 한다.

방언 위에 사랑이다

　'방언'의 은사 역시 귀한 성령의 은사이다. 그런데 방언은 초보자에게 주시는 은사다. 그리고 믿음이 약한 자에게 기도를 돕는 은사다. 여기서 방언은 기도하는 사람, 믿음의 사람은 필요하지 않다. 그런데 고린도교회가 장성한 신앙으로 나아가지 못하고 초보 은사에 빠져 있는 것이다.

　영적 초보, 어린아이에 머물고 있는 고린도교회다. **"방언도 그치고"** 초보를 버리고이다. 어린아이 신앙을 떠나서 장성한 군인으로 이제 영적 전투와 사탄과 싸워야 하는 교회가 방언에 머물러 있다면 이 교회는 어린아이다. 초보자다. 이것이 고린도교회의 문제다.

　우리나라 교회도 이제 초보 신앙과 초보 신학을 버리고 사랑의 군대, 사랑의 군인으로 세상을 구원해야 한다.

　교황에게 열광하는 국민을 향하여 구원이 되어야 한다. 군인은 국가와 국민을 지킨다. 우리는 교회로서 이 민족의 사명을 다해야 한다. 교회를 위하지 말라! 개인 신앙에 머물지 말라! 사랑의 파수꾼, 천국의 일꾼이 되어야 한다.

지식 위에 사랑이다

사람이 늙으면 지식도 쓸모없게 된다. 지식신앙도 위험하다. 지식우상 시대이다. 지금 세상은 모든 분야에서 지식에 갇힌 듯하다. 지식이 절대인 사회이다. 지식이 무서운 것은 지식으로 사랑이 폐하여진다는 것이다. 지식으로는 사랑이 안 된다. 지식으로 사람을 보면 사랑할 가치가 없다. 지식으로 세상을 살면 사랑이 필요 없게 된다. 지금 이 문제를 세상이 안고 있다.

교회가 지식을 절대시하는 한 교회는 사랑이 없게 된다. 법치국가가 무서운 것은 법에는 사랑이 없다는 점이다. 종교가 지식으로 나아가면 사랑 없는 흉물이 되고 만다.

영의 세계, 복음 세계, 은혜 세계 즉 하나님 세계는 '사랑'이다. 사랑 기독교, 사랑 교회, 사랑 신학, 사랑 신앙에서 세상을 정복한다.

물질 세상, 사탄 세상, 권력 세상인 과학 세상, 지식 세상을 반드시 기독교가 승리하는데, 그것은 사랑의 힘이다. 사랑이 아니면 세상을 이기는 방법은 없다. 생각해보라! 이 무서운 권력세상, 교회가 승리한다는 사실이다. 그것은 사랑이다. **"지식도 폐하리라"** 하나님 사랑이 기독교회다.

장성한 사랑

(고전13:10,11)

장성한 사랑은 어른의 성숙한 사랑을 말한다. 인간은 사랑에서 성숙해야 한다. 사랑이 언제나 문제의 근원인 것은 시중에 돌아다니는 사랑 대부분이 미숙한 사랑, 즉 어린아이 사랑이라는 것이다. 어린아이 사랑으로는 종말의 열매를 맺을 수 없으며, 교회 공동체를 이루지 못한다. 종말론적인 완성의 자리로 나아가게 하는 힘이 사랑인데, 지금 우리나라 교회는 어린아이 사랑으로 볼 수 있다.

고린도교회 신앙을 보면 은사와 열정이 어린아이적이다. 미숙한 열광주의다. 어리석음에 놀아나고 있는 것이다. **"폐하리라" "부분적인 것"**(10절) 지나가면 없어질 것과 초보적인 신앙에 빠져서 놀고 있는 것을 지적하는 바울이다.

어린아이는 더딤이 문제다. 더딤에 머무르는 교회가 한심하다. 재미있는 것, 좋은 것, 자기 충족에 머물고 있는 교회는 분명히 어리석은 교회이다. 이제 우리는 장성한 사랑으로 나아가야 한다.

그러기 위해서는 **"장성한 사람이 되어서는 어린아이의 일을 버렸노라"**(11절) '어린아이의 일을 버렸노라' 자기 성장의 일, 자기 충족의 일, 자기 발전의 일, 자기 축복의 일을 버려야 한다. 언제까지 교회가 어린아이 일에 머무를 것인가? 자기 교회 성장하는 일, 자기 교회 부흥하는 일에 모든 에너지를 소모하고 머무르는 교회가 되어서 사회의 외면을 받는 것 아닌가? 사회를 섬기고, 세상을 위해 봉사하고, 국가 발전을 모략하고, 국민의 축복을 추구하는 선교적 교회, 종말론적 교회가 아직도 어린아이 일을 버리지 못하고 있는 듯하다.

이제부터라도 늦지 않다. 어린아이의 일을 버리고 장성한 사랑으로 나아가야 한다. 미래를 세우는 사랑, 우리나라 역사를 건설하는 교회, 하나님 나라가 임하게 하는 전투적 신앙으로 나아가야 한다.

대의를 위하여, 공익을 위하여, 국익을 위하여 하나님 나라의 건설을 추구하는 장성한 사랑을 가져야 한다.

어린아이는 의존(依存)사랑에 머문다

이런 의존사랑은 사랑을 받아야 한다. 누군가가 자신을 사랑해 주어야 한다. 이것이 어린아이의 사랑이다. 이런 사람은 '사랑 찾아 삼만 리' 인생을 산다. 헤매고, 갈망하고, 항상 목마르고, 찢기고, 당하고, 인생이 팔린다. 결국 이런 인생은 예수님 만나기 전의 사마리아 여자이다. 사랑 파산에 이르고 만다. 사랑 빈손이다. **"지금 있는 남자도 네 것이 아니니라"**(요4:18) 부도난 인생이다.

누가 우리를 사랑해준단 말인가? 옛날 어른들, 아버지들이 다방 여자에 놀아났다. 그 레지들의 사랑도 사랑이라고 미쳐서 돈 들고 쫓아다니셨다니, 어리석은 광대이다. 그런데도 지금 이런 현대판 광대사랑이 많다는 사실이 아이러니다.

사랑에 미친 고린도교회다. 교회 사랑, 신앙 사랑, 종교 사랑에 빠진 고린도교인이다. 우리 시대의 현대판 사랑 결핍 신앙은 누구인가? 교회에서 사랑 찾는 사람, 목사에게 사랑 요구하는 사람이다. 구원파 금수원 사랑에 중독된 사람들이 어린아이를 벗어나지 못한 미숙한 사람들이다. 종교에서 사랑을 찾는다는 것은 어리석음이다. 사람에게 사랑을 요구한다는 것은 어린아이다.

교회는 사랑하는 곳이다. 종교는 사랑을 주는 것이다. 우리 그리스도인은 사랑하는 사람이다. 그리고 우리는 다른 사람에게 사랑이 되는 것이다. 다른 사람을 사랑하는 데서 충만이다. 우리는 다른 사람에게 사랑이 되어야 한다. 여기서 충족이다. 인간은 하나님 사랑에서 행복이다. 진정한 사랑은 하나님 사랑이다. 그러므로 인간 의존사랑을 버리고 하나님 사랑에 거하라!

어린아이는 이기(利己)사랑에 머문다

이기사랑이란 자기 중심 사랑을 말한다. 어린아이는 미숙해서 사랑을 독점하려고 든다. 언제나 사랑을 자기 중심에 둔다.

그리고 어린아이는 사랑을 받은 만큼 성장하며 건강해진다. 어린아이에게 사랑이 결핍하거나 부족하면 치명적인 뇌 정신과 감정에 트라우마가 생긴다. 그래서 평생을 그 데미지에서 벗어나지 못하는 사람이 많음은 안타까움이다. 어린아이는 무한한 사랑이 필요하다는 것이다.

문제는 사랑 전환이다. 이기(利己)사랑에서 언제 이타(利他)사랑으로 전환하는가이다. 대인관계가 시작되는 학교 공동체부터는 이기사랑을 버리고 다른 사람을 사랑하는 이타사랑으로 전환되어야 한다고 본다.

고린도교회 문제가 이타사랑으로 전환이 안 된 것이다. 계속해서 교회가 장성한 사랑으로 나아가지 못하고 자기들만의 영적 생활과 은사에 머무르고 있는 것이다. 우리나라 교회도 유사한 상황이다. 이제는 사회를 섬기고, 국민을 사랑하는 교회로 전환해야 한다.

이제 이타사랑으로 나누는 사랑이 성숙이다. 나누는 사랑이 기독교 사랑이다. 교회는 사랑을 사회와 나누고, 다른 사람과 나누는 공동체 사랑이 필요하다. 내 인생을 다른 사람과 나누어야 한다. 내 가정을 이웃과 나누어야 한다. 내 신앙을 다른 사람과 공유해야 한다. 나아가 교회를 이제 나누어야 한다. 공유하는 교회로 전환해야 한다. 하나님 사랑을 독점하는 교회가 아니고 사회와 공유하는 아름다운 신앙이다. 이것이 장성한 사랑이다.

어린아이는 감정사랑에 머문다

미숙한 사랑은 감정의 노예가 된다. 감정사랑은 기쁨의 사랑이다. 기분이 좋아서 하는 사랑이다. 만일 기분이 좋지 않으면 사랑하지 못한다. 슬프면 사랑하지 못한다. 이런 문제를 극복하려고 술과 마약, 그리고 오락과 향락을 접하게 된다. 나아가 종교 신앙에 심취하기도 한다. 여기서 신앙이 감정에 머무르게 하는 것이다. 고린도교회가 감정신앙에 머무르고 있다.

우리나라 교회도 마찬가지였다. 이제는 이성적 교회, 이성적 사랑을 하는 교회가 되어야 한다. 장성한 사랑은 이성적 사랑을 하는 교회이다. 자기 이익이나 자기 충족, 그리고 자기 만족을 넘어서서 의무적 사랑, 사명의 사랑, 즉 이성적으로 사랑하는 장성한 사랑이 필요하다. 고린도교회가 영적인 열광주의, 은사에 머무르는 신앙은 어린아이 신앙이다. **"온전한 것이 올 때에는 부분적으로 하던 것이 폐하리라"**(10절) 초보 신앙을 넘어서야 한다. **"장성한 사람이 되어서는 어린아이의 일을 버렸노라"**(11절)

장성한 사랑으로 나아가야 한다. 내 충족에서 사회 충족으로, 내 기쁨에서 이웃 기쁨으로 전환해야 한다.

우리나라 교회는 어린아이의 일을 버렸는가? 이웃 교회, 민족 교회가 되어야 한다. 교회를 위한 교회, 우리를 위한 교회는 안 된다는 사실이다. 이제는 부르심의 교회, 종말론적 교회, 선교적 교회가 되어야 한다. 사랑의 희생, 사랑의 노동, 사랑의 섬김이 부족하다. 이성적 사랑을 해야 한다. 나누는 사랑이 성숙이다. 나누는 사랑이 기독교 사랑이다. 사랑 공유가 아름다운 신앙이다.

하나님 사랑은 십자가 사랑이다. 자기 몸을 희생으로 내어주는 실제 사랑이다. 이제 우리는 하나님의 사랑을 이웃과 공유하는 장성한 사랑을 보여주기를 바란다.

온전한 사랑
(고전13:12, 13)

희미한 세상이다

모든 것이 분명하지 않은 세상이다. 전문가도 분명하게 말하지 못하는 세상이다. 의사도 환자에 대하여 분명하게 말하지 못한다. 과학자들도 세상을 분명하게 밝히지 못한다. 경제와 미래에 대하여 학자들이 분명하게 말하지 못한다.

왜 그런가? 하나님의 섭리이다. 이 세상은 노력해서 얻는 것이며, 수고와 땀으로 차지하는 것이다. 깨달아서 발견한다. 이 세상 모든 것은 믿음대로 되어진다는 사실이다.

인생살이는 언제나 희미하다. **"우리가 지금은 거울로 보는 것 같이 희미하나"**(12절) 분명한 인생은 없다. 보장된 인생도 없다. 사실은 부자나 권력자, 즉 어떤 지식인도 희미하다. 그것은 직접 보는 것이 아니라 거울로 보는, 간접적으로 보는 것으로 그것은 실상이 아니라 하나의 모상(模相)인 것을 뜻한다. 어떤 대상의 외부적인 형상을 그대로 본떠 나타내는 것이다. 그림자로도 말할 수 있다. 세상과 모든 인생사가 모상, 즉 형상의 그림자 같다는 말이다. 그래서 이 세상에 보이는 모든 것은 희미하다. 영화와 같기도 하다. 가상이다. 고린도 교회는 희미한 가상에 열광하고 있다. 확실한 것이 아닌 것을 가지고 희비하는 것이다.

부분적 지식이다

우리가 알고 있는 것 대부분이 부분적 지식이다. 한 부분을 아는 것이다. 극히 적은 한 모서리를 아는 것이다. 우리가 책을 보고 공부를 하고 연구를 해보면 세상은 무한하다는 것을 알게 된다. 그리고 세상보다 더 무한한 것이 인생이다. 우리가 세상에서 한 평(坪)도 안 되는 지구에 서 있다. 우리 인생은 한 점에 불과한 우주인생이다. 그럼에도 인간은 이런 부분적인 것을 가지고 판단하고, 성공과 실패를 논하며 울고 웃는다.

이것이 고린도교회였다. 부분 신앙, 부분 은혜를 가지고 대단한 것으로 여겨서 중독성 집착을 보였다. 그리고 그런 부분적인 것에 몰입하여 황금시대를 놓쳐버린 것이다. **"지금은 내가 부분적으로 안다"**(12절)

우리는 모든 것을 다 알려고 하는 데서 중요한 '믿음'을 놓치게 된다. 우리는 다 안다고 생각해서는 안 된다. 그러므로 기도하게 된다. 성경을 읽게 된다는 사실이다. 성경도 다 알 수가 없다. 다

알기를 원하는 사람들이 신천지나 구원파, 즉 이단에 걸려든다. 이단의 특징이 자기들은 성경을 다 알고, 하나님의 비밀을 안다고 착각한다. 이것은 교만이다. 저주에 이르는 죄다.

"그때에는 온전히 알리라"(12절)

지금은 모든 것이 희미하다. 그리고 지금은 모든 것이 미완성이다. 그러므로 불확실한 세상, 불안한 인생이다. 세상에 확실한 것이 없다. 인생에 정해진 것이 없다. 만들어가고, 쌓아가며, 기도와 믿음으로 경주하여 나아가는 것이다.

주께서 희미한 안개와 어두운 먹구름을 걷으시는 종말이 온다는 말씀이다. 종말의 완성의 때에 모든 것을 온전하게 드러내신다. 우리는 지금 세상 인생을 마라톤을 뛰는 것과 같다. 누가 완성할지, 어떤 사람이 이길지, 누가 승리할지는 아무도 모른다. 42.195km에서 안다. 모든 것이 밝혀진다. 비로소 여기서 승자와 패자는 드러난다는 사실이다. **"그때에는 온전히 알리라"**

이 세상에 온전한 것은 하나도 없다. 다 부분적인 것이다. 대통령도, 권력도, 부자도, 성공출세도, 심지어는 물질도 다 온전한 것이 아니다. 그러면 이런 것들이 무엇인가? 부분적인 것일 뿐이다. 그래서 허무한 것이며, **"모든 것이 헛되고 헛되다"**고 지혜자 솔로몬이 선언하였다. 이런 부분적인 것과 일시적인 것을 가지고 울고 웃고, 성공출세니 실패를 논하는 것은 웃기는 것이다.

교회도 온전한 것이 아니다. 지식이나 은사가 성령에 의한 것이기는 하지만 역시 온전한 것은 아니다.

"그 중에 제일은 사랑이라"(13절)

이 세상 모든 것들은 일시적이다. 예언, 방언, 지식은 사라지는 것이다. 그리고 믿음, 소망, 사랑은 영원히 존속하는 것으로 등장한다. 우리 인생에서 가장 소중하고 지속적으로 보존되는 것은 믿음, 소망, 사랑이다. 그런데 바울은 이 셋 중에서 가장 위대한 것은 사랑이라고 말하고 있다. **"그 중에 제일은 사랑이라"**

믿음은 하나님을 대면하는 것으로 끝난다. 소망은 하나님의 언약 즉 약속이 이루어지면 끝나지만, 사랑은 변함없는 존재양식이며 영원한 것이다. 사실은 하나님 나라가 임하고, 예수 그리스도를 대면하면 믿음과 소망은 완성이다. 그 이후로 지속되는 영원세계는 사랑으로 이루어진다. 사랑이 존재양식이다.

성령의 은사들은 마지막 종말을 기다리는 중간 시기에 그리스도인들에게 주어지는 위로의 선물이다. 이런 은사가 넘친다 해도 그것으로 역사의 완성은 아니다. 역사의 종말이 오면 오히려 은사들은 끝이 나게 된다. 완성은 사랑이다. 사랑만이 현재와 미래, 그리고 종말적인 완성에 이르게 한다.

"인간 사랑이 제일이다"

인간 사랑이 하나님을 사랑하는 것이다. 인간의 완성은 사람 사랑이다. 사람을 사랑하는 것이 선이며, 의다. 그리고 인간 사랑이 믿음이다. 여기서 분명히 밝히고 싶은 것은 인간을 사랑하지 않는 사람이 하나님을 사랑한다는 것은 있을 수 없다는 사실이다.

따라서 사람을 사랑하지 않는 사람은 믿음도 불가능하다는 것이다. **"이웃을 네 몸 같이 사랑하라"** 이것이 예수님의 새 계명이다. 사람을 사랑하는 것은 새 계명에 이르는 행위이다.

하나님의 관심은 오직 인간이다. 인간 사랑에서 동정녀 탄생이다. 인간 사랑에서 육체가 되셨다. 인간 사랑에서 십자가다. 인간 사랑에서 교회다. 인간 사랑에서 예배다. 따라서 인간 사랑을 제외하고는 하나님을 말할 수 없다. 인간 사랑에서 진리에 이른다. 인간 사랑에서 깨달음에 이른다.

이 세상에 진리, 거룩함, 의인이 있다면 그것은 인간 사랑일 것이다. 사람을 사랑하는 것이 진정한 교회일 것이다. 신령과 진정으로 예배를 드리는 것이 인간 사랑일 것이다. 이것이 성경의 맥(脈)이며, 메시지다.

"그 중에 제일은 사랑이라"(13절) 믿음의 완성이 사랑이다. 소망의 결실이 사랑이다.

불편한 성공

지은이 | 정흥암
펴낸이 | 박영발
펴낸곳 | W미디어
등록 | 제2005-000030호
1쇄 발행 | 2014년 12월 12일
주소 | 서울 양천구 목동서로 77 현대월드타워 1905호
전화 | 02-6678-0708
e-메일 | wmedia@naver.com

ISBN 978-89-91761-77-3   03230

값 12,000원